via reise tour

Christine Peter

W0047282

55

faszinierende

Ausflugsziele

rund um

Köln

die man in 99 Minuten

erreichen kann

Schnell mal raus

Kleine Oasen fast vor der Haustür

Mal eben Tapetenwechsel

Auftanken bei Halbtagstouren ins Umland

Auf zu neuen Orten

Ganztags-Ausflüge an Rhein, Ru(h)r und in die Eifel

Schloss Drachenburg bei Königswinter

Eine Wundertüte voller Erlebnisse

Es ist Wochenende, das Wetter schön, die Unternehmungslust groß. Perfekte Voraussetzungen für einen Ausflug. Doch wohin könnte der gehen? Welche Ziele mit Startpunkt Köln lohnen für eine Tour und sind auch mit öffentlichen Verkehrsmitteln erreichbar? Und zwar in maximal 99 Minuten?

Der Großraum Köln ist eine wahre Wundertüte, wenn es um Sehenswertes geht. Zum einen steckt er voller historisch bedeutender Bau- und Kunstdenkmäler, zum anderen ist er umrahmt von Siebengebirge, Eifel und Bergischem Land – und damit von zahllosen Zielen in der Natur. Mit dem Oberen Mittelrheintal liegt darüber hinaus ein UNESCO-Welterbe in greifbarer Nähe. Und in Richtung Norden lädt das Ruhrgebiet ein zu entdecken, wie aus Industriebrachen ganz neue Anziehungspunkte geworden sind.

WICHTIG: Bis die immensen Schäden durch die Flutkatastrophe 2021 behoben sind, wird noch einige Zeit vergehen. Doch ein Rheinland-Ausflugsführer ohne Touren ins Ahrtal und in die Eifel? Undenkbar! Gerade jetzt brauchen die betroffenen Regionen Ausflugstouristen mehr denn je. Aufgrund der noch bestehenden Einschränkungen auf Straße und Schiene überschreiten daher manche Ausflüge die Vorgabe von 99 Minuten.

Zur besseren Übersicht haben wir die Ausflugsziele in drei Kapitel aufgeteilt:

Kapitel 1: An den Stadtrand und ins Umland: Diese Ziele sind vom Kölner Hauptbahnhof aus per S- oder Regionalbahn zu erreichen und ideal geeignet für einen Halbtagsausflug. Mal geht es in Richtung Süden, um das pompöse Schloss Brühl zu bewundern, mal in den Norden Kölns, wo nach einer Fährüberfahrt die kuriose Schiffsbrücke Wuppermündung bestaunt werden kann. Oder aber in die Nachbarstadt Leverkusen mit dem verwunschenen Naturgut Ophoven.

Kapitel 2: Der Radius dieser Ziele erstreckt sich etwas weiter ins Umland. Eine Tour führt auf mittelalterlichen Spuren zur Burg Satzvey in der Nordeifel. Oder aber es geht schwebend in den Wuppertaler Zoo. Zu entdecken gibt es außerdem eine Zeitkapsel im Bergischen Land, Kunstwerke im Wald und einen mystischen Berg am Rhein, der voller Drachen-Geheimnisse steckt …

Kapitel 3: Per IC, EC oder ICE sind von Köln aus auch größere Entfernungen schnell zurückgelegt. Für einen Tagesausflug geht es in den äußerst grünen Süden des Ruhrgebiets, auf atemberaubenden Wandersteigen hoch über den Mittelrhein oder aber tief hinunter in einen Bunker, der Erstaunliches über die deutsche Geschichte offenbart.

Schnell mal raus

Kleine Oasen fast vor der Haustür

1 Bergisch Gladbach

Papierkunst in der Villa Zanders

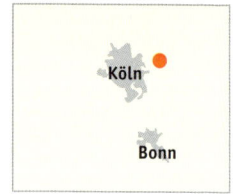

Nur einen Steinwurf entfernt von S-Bahnhof, Fußgängerzone und dem gigantischen Kreisverkehr Schnabelsmühle wird es in Bergisch Gladbach ganz ruhig. Umgeben von einem kleinen Parkgelände thront die Villa Zanders und erinnert an die goldenen Zeiten der ehemaligen Industriestadt. Denn der Name Zanders steht hier sinnbildlich für die Entwicklung Bergisch Gladbachs.

1829 eröffnete der Unternehmersohn Johann Wilhelm Zanders die gleichnamige Papierfabrik. 1848 übernahm sein Sohn Carl Richard die Geschicke des Unternehmens, nach dessen Tod ging die Unternehmensleitung an seine Frau Maria Zanders. Die sehr rührige und sozial eingestellte Unternehmerin erbaute schließlich 1873/74 die Villa Zanders als ihr Wohnhaus. Die Villa war zu diesem Zeitpunkt nur durch einen kleinen Park räumlich getrennt von der Papierfabrik.

Die Ausstellung im heutigen städtischen Kunstmuseum Villa Zanders zeigt nicht nur Kunst *auf,* sondern auch *aus* Papier. So stehen im Mittelpunkt zeitgenössische Künstlerinnen und Künstler, die den Werkstoff Papier auch einmal auf ungewohnte Weise ver- und bearbeiten. Im Erdgeschoss der Villa ist Raum für wechselnde Ausstellungen – oft mit regionalem Bezug.

Wer tiefer in die Geschichte und Herstellung von Papier eintauchen möchte, sollte einen Abstecher zum Papiermuseum Alte Dombach im Bergisch Gladbacher Stadtteil Sand unternehmen. Dort kann man sich auch selbst in der Papierherstellung mit einem Schöpfrahmen versuchen.

Bahn

- S-Bahnhof Bergisch Gladbach
- S-Bahn ca. alle 20 Min. (ab Köln Hbf 29 Min.) und ca. 8 Minuten Fußweg

Auto

- 20 km, ca. 33 Min.

Gasthaus Paas

Im *Gasthaus Paas,* direkt neben der Villa Zanders, kann man neben Burgern, Pasta, Steaks und Schnitzeln auch deftige rheinische Küche genießen – modern, hell und ohne „Butzenscheiben-Flair". Im Sommer wunderschön ist der Biergarten.

Maria-Zanders-Anlage 1 | www.gasthaus-paas.com

Kaum zu glauben: Vor 150 Jahren qualmten hier noch die Schlote der Papierfabrik

Einst ein Halt für Postkutschen – heute beliebter Biergarten: Gasthaus Paas

Bonn

Im Botanischen Garten die größte Blume der Welt besuchen

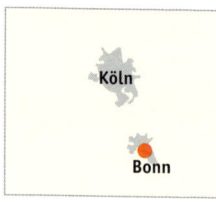

Köln

Bonn

Sie ist eigenwillig, blüht nur wenige Stunden und stinkt bestialisch. Trotzdem ist die Titanenwurz im Bonner Botanischen Garten ein wahrer Publikumsmagnet. Zuletzt entfaltete die größte Blume der Welt im Frühjahr 2021 ihre über drei Meter großen Blüten. Interessierte konnten das Spektakel live per Webcam verfolgen. Offenbar sind die Bedingungen hier optimal, denn an kaum einem anderen Ort der Welt blüht die Titanenwurz so häufig wie im Bonner Garten. Daher ziert sie auch dessen Logo.

Neben der großen Stinkerin hat der Garten viele weitere faszinierende Pflanzen zu bieten, die auch Nicht-Botaniker in ihren Bann ziehen. Sehenswert ist die Sammlung besonderer Gehölze im Schlossgarten, inklusive Dinosaurierwald. Darüber hinaus lohnt sich ein Rundgang durch den großen Nutzpflanzengarten. Der Besuch in den spezialisierten Gewächshäusern (davon jedoch nicht alle durchweg zugänglich) wirkt indes wie ein Ausflug in eine andere Vegetationszone: Zu sehen sind Riesenseerosen, Bananenstauden, fleischfressende Pflanzen, Farnhaine, Sukkulenten …

Eingebettet ist das Terrain des Botanischen Gartens in eines der schönsten Stadtviertel Bonns. Es grenzt unmittelbar ans Poppelsdorfer Schloss sowie an verschiedene Uni-Institute. Aus diesem Grund ist der Botanische Garten als Ziel für Stadtspaziergänge äußerst beliebt.

Bahn

- Bonn Hauptbahnhof
- RB alle 60 Min. (ab Köln Hbf ca. 34 Min.) dann ca. 12 Min. Fußweg

Auto

- 30 km, ca. 45 Min.

 Botanischer Garten

Öffentliche Führungen finden zwischen 1. April und 31. Oktober jeweils sonntags um 15 Uhr statt. Eine Anmeldung ist nicht erforderlich. Achtung: Samstags ist der Botanische Garten geschlossen!
Meckenheimer Allee 171 |
www.botgart.uni-bonn.de

Nicht verpassen

- Das prächtige benachbarte Poppelsdorfer Schloss besichtigen

Im Regenwaldhaus wandelt man zwischen Palmen und Farnen

3 Bonn
Auf Zeitreise im Bundesviertel

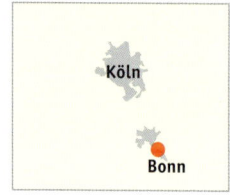

Einmal gedanklich abtauchen in die Ära Konrad Adenauers, Helmut Schmidts oder Helmut Kohls? Das Projekt „Weg der Demokratie" (www.wegderdemokratie.de) steckt mit Wegweisern und Infotafeln eine Besichtigungsroute entlang 65 entscheidender Schauplätze der politischen Vergangenheit Deutschlands ab. Zudem bringt es die Orte in Verbindung mit Ereignissen rund um die Entstehung der Bundesrepublik und die Zeiten Bonns als Hauptstadt, womit auch die Demokratieentwicklung seit 1949 veranschaulicht wird.

Das Kernstück des Projekts, die ebenfalls „Weg der Demokratie" genannte Route durchs ehemalige Parlaments- und Regierungsviertel, umfasst eine Strecke von 11 Kilometern und führt zu Orten wie Bundeshaus, Abgeordnetenhochhaus „Langer Eugen", Auswärtigem Amt, Kanzlerbungalow und neuem Parlamentsgebäude. Start ist das ehemalige Bundeshaus, gelegen am heutigen Platz der Vereinten Nationen in Bonn.

Es gibt jedoch auch die Möglichkeit, kleinere Etappen mit thematischen Schwerpunkten zu wählen. So führen beispielsweise der 2 Kilometer lange Parlamentsweg oder der ebenfalls 2 Kilometer lange Weg „Anfänge der Demokratie" unter anderem zum Palais Schaumburg und zum Museum Koenig.

Für die weiter stadtauswärts gelegenen Schauplätze, wie das Bundeskanzler-Adenauer-Haus oder das Gästehaus Petersberg, empfiehlt sich die Fortbewegung per Fahrrad oder Bahn/Bus. Auch hier gibt es thematische Schwerpunktthemen, wie zum Beispiel den Kanzlerweg (27 Kilometer) oder „Bonn international" (27 Kilometer). Per Smartphone können sich Interessierte zu den einzelnen Schauplätzen navigieren lassen. Zudem stehen online historische Fotos und Hörbeiträge zur Verfügung.

Bahn
- Bahnhof Bonn UN Campus
- RB und RE ca. alle 30 Min. (ab Köln Hbf 40 Min.)

Auto
- 34 km, 32 Min.

Nicht verpassen
- Spazieren, Picknicken oder Entspannen in der Bonner Rheinaue
- Eines der Museen auf der Bonner Museumsmeile besuchen
- Flanieren durch die malerische Bonner Südstadt

Sich einmal fühlen wie der Bundeskanzler: im Innenraum des alten Plenarsaals

Historisch bedeutsam: Bis 1976 war das Palais Schaumburg Sitz des Bundeskanzlers

4 Brühl

Schloss Augustusburg: Rokoko in Reinkultur

Köln

Bonn

Es mag vorkommen, dass manche Fahrgäste auf der Zugstrecke Köln – Bonn die Hälse recken! Wahrscheinlich gilt die Aufmerksamkeit dem imposanten Schloss Augustusburg in Brühl, dessen Parkanlagen vom Zug aus bestens zu bestaunen sind.

„Schloss Brühl", zu Lebzeiten die Lieblingsresidenz des Kölner Kurfürsten und Erzbischofs Clemens August, gilt als eines der ersten Rokoko-Prachtbauwerke in Deutschland. Erbaut wurde das Schloss, nur einen Steinwurf entfernt von der hübschen Brühler Innenstadt, von 1725 bis 1768. Im Inneren ist vor allem das prunkvolle Treppenhaus sehenswert, das zahlreiche Kunsthistoriker zu den schönsten Bauwerken des Rokoko zählen.

An der Südseite des Palasts schließt sich der malerische Schlosspark an, der – genau wie Schloss Brühl und das benachbarte Jagd-

schloss Falkenlust – UNESCO-Weltkulturerbe ist. Die Parkanlage im Stil der französischen Gartenkunst ist gekennzeichnet durch symmetrische Fontänenbecken, in Blumenbeete eingefasste Broderien sowie einen Spiegelweiher. Flankiert wird der Park beiderseits durch Lindenalleen mit lauschigen Ecken. Die Parkanlage läuft schließlich nach dem Vorbild englischer Landschaftsgärten in einen Wald aus. In diesem befindet sich das kleine, nicht minder prunkvolle Jagdschloss Falkenlust, das auch zur Besichtigung einlädt.

Besondere Kuriosität: Zwischen Schloss Brühl und Falkenlust kreuzt noch heute die Zuglinie Köln – Bonn den Schlosspark. Diese Streckenführung wurde 1844 planmäßig angelegt, denn die Eisenbahn galt als technische Sensation der damaligen Zeit und sollte angemessen präsentiert werden.

Bahn

- Bahnhof Brühl
- RB und RE ca. alle 20 Min. (ab Köln Hbf 12 Min.)

Auto

- 20 km, ca. 25 Min.

🍴 Restaurant Kaiserbahnhof

Einen halbstündigen Spaziergang entfernt vom Schloss Augustusburg, im Gebäude des Bahnhofs Brühl-Kierberg, befindet sich das Restaurant *Kaiserbahnhof*. Hier gibt es sowohl gehobene Küche als auch Biergarten-Atmosphäre in stilvoller Kulisse.

www.kaiserbahnhofbruehl.de

Schloss Augustusburg Ostseite: Nur die Wolken sind hier nicht symmetrisch

Spiegelsaal in Schloss Falkenlust: Auch im Jagdschloss mochte man es prunkvoll

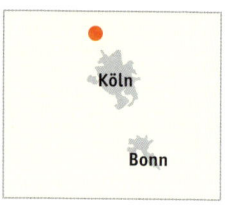
Köln

Bonn

5 Dormagen

Das Mittelalter entdecken in der Feste Zons

Kaum verlässt man Köln gen Norden, mutet es niederländisch an: weites, flaches Land, der Rhein mit seinen Auenwiesen, backsteinerne Häuser und in der Ferne eine Windmühle. In der Tat zählt Zons geografisch bereits zum Niederrhein – und hatte im Mittelalter die Funktion, den hier entlangfahrenden Handelsschiffen vor der „Zielgeraden" noch einmal Gebühren abzuknöpfen. Denn alle Schiffe, die auf dem Rhein Waren transportierten, mussten an verschiedenen Stellen Zölle entrichten – oft unmittelbar vor schwer passierbaren Flussabschnitten.

1372 wurde die Zollstätte Zons eingerichtet und schon ein Jahr später begann dort der Bau der Feste Burg Friedestrom. Sie hatte den Zweck, die Zolleinnahmestelle abzusichern. Zur Feste gehörte auch der Bau einer kompletten Einfriedung durch eine mächtige Stadtmauer samt Wehrtürmen an jeder Ecke.

Heute ist die Stadt Zons dank umfangreicher Sanierungsarbeiten sehr gut erhalten und ein äußerst beliebtes, touristisch gut erschlossenes Ausflugsziel. Um in die Stadt einzutauchen, betritt man sie am besten durch eines der Stadttore, beispielsweise das am nördlichen Ende gelegene Rheintor. Dort schließt sich die „Flaniermeile" an: die bilderbuchreife Rheinstraße mit kleinen Läden, Restaurants und Cafés sowie hübschen verwinkelten Ecken.

An ihrem südlichen Ende geht die Rheinstraße über in die Schloßstraße und gibt den Blick frei auf die Überreste der einstigen Burg Friedestrom. Auf deren Areal befinden sich heute unter anderem eine Freilichtbühne sowie das Kreismuseum Zons.

Bahn & Bus
- Haltestelle Dormagen Zollstraße
- Bus 875, 886 oder 887 ab Bahnhof Dormagen (ab Köln Hbf mit RE oder S-Bahn 28 Min. bzw. 44 Min.)

Auto
- 27 km, 28 Min.

Nicht verpassen
- Mit der Rheinfähre „Niederrhein" (Anleger wenige hundert Meter nördlich der Feste Zons) übersetzen zum anderen Rheinufer
  www.faehre-zons.de
- Auf der Freilichtbühne Zons einem Konzert lauschen oder die traditionellen Märchenspiele besuchen

Von der Außenseite wuchtige Mauern, Wehrtürme und verwinkelte Ecken ...

... von innen schmale Gassen mit charmanten, sich aneinander drängenden Häusern

6 Dormagen

Kloster Knechtsteden:
Klosterleben ganz nah

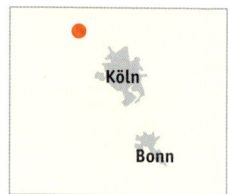

Auch wenn ein Kloster ein Ort der Stille ist, kann es lebendig, gastfreundlich und weltoffen sein – ein Ort, der Menschen unterschiedlichen Alters und Herkunft willkommen heißt und zusammenbringt. Dies beweist das Kloster Knechtsteden bei Dormagen!

Wer vom Parkplatz kommend durch das 1723 erbaute Barock-Torhaus schreitet, betritt eine eigene kleine Welt: Ein Kräuter- und ein Obstgarten laden zum Flanieren ein, für Kinder gibt es einen Spielplatz und der angrenzende Friedhof zeugt von der wechselvollen Geschichte des Klosters. Direkt hinter der Basilika erstrecken sich Rasen- und Sportflächen des ebenfalls hier ansässigen katholischen Norbert-Gymnasiums. Der Weg führt in einen Innenhof, in dem der Klosterladen Obst und regionale Erzeugnisse anbietet. Weiter hinten liegt der Kulturhof mit

Theatersaal, verschiedenen Veranstaltungsräumen und einem Second-Hand-Laden.

Für einen Gesamtüberblick über das Klostergelände empfiehlt sich der 1,6 Kilometer lange Rundweg „Klosterrunde". Start ist am Parkplatz. Noch schöner jedoch sind zwei längere Spaziergänge, die kleine und die große Waldrunde (4,7 und 6,5 Kilometer), die sich auch in den umgebenden Wald erstrecken.

Erbaut wurde das Klosteranwesen Mitte des 12. Jahrhunderts von der Ordensgemeinschaft der Prämonstratenser, bis es 1802 nach wechselvoller Geschichte im Zuge der Säkularisation beschlagnahmt wurde. 1869 wurde die Klosteranlage durch einen Brand nahezu komplett zerstört, jedoch wieder aufgebaut. Heute lebt im Kloster Knechtsteden die römisch-katholische Missionsgemeinschaft der Spiritaner.

Bahn & Bus

- Haltestelle Knechtsteden
- Bus 871 ab Bahnhof Dormagen (ab Köln Hbf mit RE und Umsteigen 25 Min.)

Auto

- 28 km, 30 Min.

🍴 Restaurant Klosterhof

Das Restaurant *Klosterhof* mit Biergarten hat sich zu einem weit über die Grenzen der Region hinaus bekannten Treffpunkt entwickelt. Unbedingt probieren: das nur hier ausgeschenkte Knechtstedener Schwarzbier.

www.klosterhof-knechtsteden.de

Rund um die romanische Basilika gruppieren sich alle Einrichtungen des Klosters

7 Euskirchen

In die Welt der Tücher eintauchen

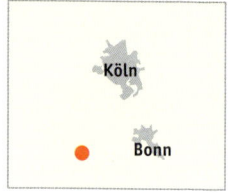

Köln

Bonn

In diesem Museum ist die Zeit stehen geblieben – und zwar buchstäblich. Denn als 1961 die Geschäfte stagnierten und nach über 100-jähriger Tuchmachertradition in Euskirchen die Maschinen der Tuchfabrik Müller stillstanden, schloss der damalige Besitzer die Fabrik kurzerhand zu. Werkzeuge, Papiere, sogar ein Abreißkalender, der den genauen Tag der Schließung anzeigt, blieben unberührt liegen – über mehrere Jahrzehnte.

Als rund 30 Jahre später die Werkstore wieder aufgeschlossen wurden, befanden sich sämtliche Gegenstände noch unverändert an ihrem Platz. Schnell wurde klar, dass eine derartige Zeitkapsel als Museum aufbereitet werden sollte. Heute bereichern kleine Filme, Installationen und Modelle die Werkshallen und vermitteln einen lebendigen Eindruck von Arbeit und Alltag in der 1894 aufgebauten Tuchfabrik. Auch ehemalige Arbeiter kommen in Interviewsequenzen zu Wort und liefern einen Eindruck von der historischen Bedeutung Euskirchens als Tuchmacherstadt. So existierten dort vor dem Ersten Weltkrieg 21 Tuchfabriken, allesamt gelegen an der Erft sowie den weiteren Fließgewässern der Stadt. Zur Blütezeit der Tuchmacherei in Euskirchen, etwa vom ausgehenden 19. Jahrhundert bis zum Ersten Weltkrieg, war die Stadt bekannt für ihre Militär- und Marinetuche und erlangte internationale Bedeutung als Uniformhersteller-Stadt.

Wechselnde Sonderausstellungen, etwa zu Mode im Wandel der Zeit oder zu Geschichte, Gegenwart und Zukunft des Konsums bereichern die Ausstellung.

Bahn & Bus

- Haltestelle Händelstraße
- Bus 874 ab Bahnhof Euskirchen (ab Köln Hbf mit RE/RB und Umsteigen 64 Min.)

Auto

- 48 km, ca. 46 Min.

⭐ **Industriemuseum Tuchfabrik Müller**

Die Besichtigung des Museums ist nur im Rahmen von öffentlichen Führungen möglich: Di–Sa um 11, 13 und 15 Uhr, So/Fei um 11, 12, 13, 14, 15 und 16 Uhr. Eine Voranmeldung ist nicht notwendig.

Carl-Koenen-Straße 25 | www.industriemuseum.lvr.de

Hier führen Dutzende von Fäden zum fertigen Tuch

Auch die Wartung der Maschinen wird anschaulich erklärt

Gut Leidenhausen

Frische Landluft schnappen

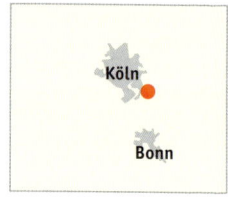

Wer seinen Ausflug nach Gut Leidenhausen in die (sehr) frühen Morgenstunden legt, könnte Zeuge eines außergewöhnlichen Spektakels werden. Dann nämlich absolvieren die Rennpferde des benachbarten Gestüts Röttgen hier ihr Morgentraining. Für eine Weile bebt das Oval der Rennstrecke förmlich unter dem Galopp der Pferde. Bis sie ihre Runden absolviert haben und unter Einhaltung strenger Sicherheits- und Abstandsregeln zurück in ihre Stallungen geführt werden. Dann kehrt wieder Ruhe ein und Gut Leidenhausen lässt sich entdecken.

Der Gutshof selbst, einst ein Rittersitz, später ein landwirtschaftliches Anwesen, beherbergt neben einem Café verschiedene Einrichtungen zur Natur- und Umweltbildung, beispielsweise das Naturmuseum „Haus des Waldes". Auf einer Streuobstwiese nahe dem Gutshof leben die Bienenvölker des Bienenzuchtvereins Porz und in der „Allee der Jahresbäume" stehen aufgereiht alle „Bäume des Jahres" seit den späten 1990er-Jahren.

Es lohnt sich darüber hinaus, das pralle Veranstaltungsverzeichnis von Gut Leidenhausen zu studieren. Es enthält Dutzende Wanderungen, Exkursionen und Workshops rund um die heimische Natur. Nur wenige Meter entfernt vom Gutshof befindet sich die Greifvogelschutzstation, die sich um verletzte Greifvögel und Eulen kümmert. An jedem 3. Samstag im Monat findet eine kostenlose öffentliche Führung durch die Station statt. Gegenüber leben Rothirsche und Wildschweine in einem Wildgehege. Für Familien mit Kindern hält Gut Leidenhausen noch ein Schmankerl bereit: Nahe der Pferderennstrecke befindet sich ein riesiger Natur-Abenteuerspielplatz.

Bahn & Bus

- Haltestelle Gut Leidenhausen
- Bus 423 ab Rösrath-Stümpen (ab Köln Hbf mit RB und Umsteigen 37 Min.)

Auto

- 15 km, 20 Min.

Nicht verpassen

- Im Oktober zur Paarungszeit das Röhren der Hirsche im Wildgehege erleben
- Einen kleinen Snack oder Kaffee in der Außengastronomie im Innenhof genießen

Viel Natur zum Entdecken: Gut Leidenhausen, im südlichsten Zipfel Kölns

„Herzlich willkommen" im Besucherportal Wahner Heide & Königsforst

Köln-Langel

Mit der Rheinfähre zur Schiffsbrücke Wuppermündung

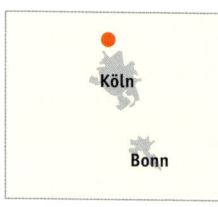

Köln

Bonn

Ganz im Norden Kölns, wo das Städtische ausfranst und die Landschaft schon niederrheinisch wirkt, tut zuverlässig die Auto- und Personenfähre Langel ihren Dienst. 21 Pkw oder aber 250 Personen finden Platz auf der *Fritz Middelanis,* die hier seit 1962 im Einsatz ist. Eine Fähre an dieser Stelle gibt es jedoch bereits seit fast 300 Jahren. Der Fährbetrieb beginnt wochentags um 6 Uhr, am Wochenende und an Feiertagen je nach Jahreszeit zwischen 9 und 11 Uhr. Besonders beliebt ist die Fähre bei Radfahrern.

Ein lohnendes und kurioses Ziel für einen Spaziergang ist die historische Schiffsbrücke an der Wuppermündung. Der Weg dorthin: Nach der Überfahrt weist am Leverkusener Rheinufer nahe dem Fähranleger ein Wegweiser stromaufwärts, also nach rechts. Dort verläuft der Radweg in Richtung Leverkusen City, der u. a. auch zur Wupperbrücke führt.

Landschaftlich reizvoller ist jedoch der parallel dazu verlaufende Fußweg direkt am Rheinufer. Er windet sich zunächst unter hohen Bäumen, verengt sich dann und wird wildromantisch. Nach circa zwei Kilometern mündet der Pfad auf den gut befestigten Fahrradweg, überquert einen Seitenarm der Wupper und führt schließlich zur gut ausgeschilderten Schiffsbrücke. Dort liegen, dauerhaft ankernd nebeneinander, die drei Schiffe mit den Namen *Einigkeit, Recht* und *Freiheit.* Sie sind mit einem Steg verbunden und dienen ganz offiziell dazu, an dieser Stelle „über die Wupper zu gehen", nachdem hier bis 1920 eine Fähre die beiden Uferseiten verband.

Bahn

- Haltestelle Merkenich
- Stadtbahn 5 bis Friesenplatz, umsteigen in Stadtbahn 12 (ab Köln Hbf 41 Min.) und zu Fuß entlang des Rheins oder Bus 121 bis Haltestelle Köln Langel Fähre

Auto

- 18 km, ca. 25 Min.

Nicht verpassen

- Durch die Panoramafenster im Restaurant *Zur Fähre* am Anleger Langel auf den Rhein blicken
- Auf der Hitdorfer Rheinseite, unweit des Anlegers (etwa 500 Meter stromabwärts) befindet sich das kuriose und sehr liebevoll geführte *Kran-Café.* Sehenswert!

www.kran-cafe.de

Kaffeepause im Bistro der Schiffsbrücke Wuppermündung

10 Leverkusen

Museum Morsbroich: Moderne Kunst in alten Gemäuern

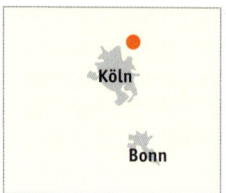

Köln

Bonn

Es war die „Badewannen-Affäre", mit der Schloss Morsbroich in den 1970er-Jahren Schlagzeilen machte und die noch heute für Schmunzeln sorgt. Damals nutzten zwei Damen aus den Reihen einer im Schloss tagenden SPD-Ortsgruppe eine vermeintlich verschmutzte Kinderbadewanne als Gefäß zum Gläserspülen. Sie entfernten dort angebrachte Mullbinden, Pflaster und Fett und schrubbten die Wanne glänzend – nicht wissend, dass es sich um ein im Depot zwischengelagertes Kunstwerk von Joseph Beuys handelte.

Trotz des „Schrubb-Skandals" gehören Kunstwerke von Joseph Beuys auch heute noch zum festen Bestand des Museums. Das Haus ist spezialisiert auf die Kunst der 1960er- und 1970er-Jahre, ergänzt durch die Werke einiger zeitgenössischer Künstler und Künstlerinnen.

Neben einer Dauerausstellung gibt es regelmäßige Sonderausstellungen, zuletzt beispielsweise die viel beachtete Schau „Der Katalysator – Joseph Beuys und Demokratie heute".

Doch nicht nur die Sammlung selbst, sondern auch die Entstehungsgeschichte des Museums verdient Beachtung. So war das Museum Morsbroich 1951 das erste Museum für Gegenwartskunst, das im Nachkriegsdeutschland entstand. Die Eröffnung markiert einen Meilenstein in der Kunstgeschichte der jungen Bundesrepublik.

Für überraschte Museumsgäste (und manch feuchtes Kleidungsstück) sorgt das vor dem Museum installierte Wasserspiel. Laufstege laden ein, sich dem Brunnen zu nähern. Überraschend kann jedoch jederzeit eine Wasserfontäne emporschießen. Ein großer Spaß!

Bahn

- Bahnhof Leverkusen-Schlebusch
- RB alle 60 Min. (ab Köln Hbf 34 Min.) und ca. 20 Min. Fußweg

Auto

- 18 km, ca. 20 Min.

Nicht verpassen

- Einen Spaziergang entlang der Dhünn unternehmen und im angrenzenden Obsthof Morsbroich frisches Obst und Gemüse einkaufen
- Neben den Ausstellungsflächen innerhalb des Schlosses unbedingt zusätzlich den weitläufigen Skulpturenpark besuchen

Der Springbrunnen vor dem Schloss sieht schön aus – und birgt Überraschungen!

Eine verwunschene Brücke führt in den Skulpturenpark

11 Leverkusen

Naturgut Ophoven: Entdeckungen in malerischer Umgebung

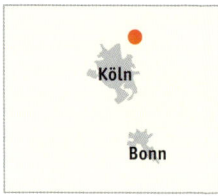

Köln

Bonn

Was für ein verwunschener Ort! Mitten in der Stadt, zwischen alten Bäumen und der Wasserburg Ophoven liegt im malerischen Wiembachtal das Naturgut Ophoven.

Hinter dem etwas sperrigen Titel „Kompetenzzentrum für Umwelt und Klima" verbirgt sich ein Ort, der Kinder für Natur und Umwelt begeistern will – und in dem Erwachsene garantiert noch viel Wissenswertes dazulernen können. Ein pädagogischer Zeigefinger ist hier nicht nötig und nicht erwünscht, denn das Ziel ist, in die (so manches Mal überraschende) Vielfalt unserer heimischen Lebensräume einzutauchen. Das gelingt perfekt! Zum Beispiel auf dem Naturerlebnispfad, der einmal quer durch das Wiembachtal verläuft und per Schautafeln auf besondere Sinneserfahrungen hinweist: Welche Geräusche sind hier zu hören? Was duftet hier? Was kann man von hier aus beobachten? Oder im Klimaerlebnispark, der Ursachen und Folgen des Klimawandels anschaulich darstellt und gleichzeitig alltagstaugliche Tipps für klimafreundliches Verhalten gibt.

Die ganz besondere Note aber erhält das Naturgut durch die überall auf dem Gelände verstreuten imposanten Kunstinstallationen des Leverkusener Künstlers Odo Rumpf: Ob die auf dem Dach eines Gewächshauses montierten *SolarBlitze* aus alten Autobahnschildern, die vier Meter hohe *SolarPyramide* oder der riesige Recycling-Mensch, bestehend aus alten Eisenbahn-Strommasten: Sämtliche Objekte sollen unter anderem auf die Nutzbarkeit der Sonnenstrahlung als Energiequelle hinweisen. Sehenswert!

Bahn

- Bahnhof Opladen
- RE oder RB ca. alle 20–30 Minuten (ab Köln Hbf 32 Min.)

Auto

- 23 km, ca. 30 Min.

Nicht verpassen

- Amphibien beobachten im *Amphibion* auf dem Gelände des Naturguts
- 11-Kilometer-Wanderung auf dem Leverkusener Obstweg (Start am Naturgut Ophoven)
- Abstecher zum Hallen- und Freibad Wiembachtal (ca. 500 Meter Fußweg)

Auf dem Gelände verteilt sind die Solar-Kunstwerke des Künstlers Odo Rumpf

Ein Lebensraum für seltene Amphibienarten: das Amphibion

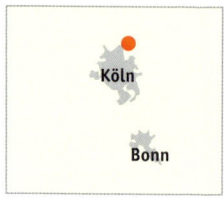

12 Leverkusen

Neuland-Park: Viel Grün am Rhein

In der Strandbar mit Rheinblick die Seele baumeln lassen, üppige Blumenbeete bestaunen, über gut ausgebaute Radwege radeln, auf Grünflächen spielen und toben: Zugegeben, einen hohen Freizeitwert bringt man nicht unbedingt in Verbindung mit der Industriestadt Leverkusen. Doch der Neuland-Park widerlegt jedes Vorurteil – trotz seiner Lage zwischen Werksschloten und Autobahn.

Wie ein Bumerang zieht sich der Park vom Rheinufer in Richtung Norden und Osten, hinein bis in die Stadtmitte. Neben verschiedenen Themengärten gibt es hier abwechslungsreiche Spazierwege sowie Sport- und Spielgeräte für Groß und Klein, darunter eine Minigolf-Anlage, ein Skaterplatz sowie ein „Outdoor-Fitnessstudio". Von der Aussichtsplattform direkt am Rheinufer lassen sich die vorbeifahrenden „Pötte" beobachten. Überdies gibt es weitere Aussichtspunkte, verschiedene Brücken und ein Restaurant mit Rheinblick. Auf der Freilichtbühne finden unterschiedliche Veranstaltungen, wie beispielsweise Konzerte statt.

Wer es etwas ruhiger mag, kann sich im Neuland-Park in einen der zahlreichen Gärten zurückziehen – vom klassischen Rosengarten über einen Bauerngarten nach Eifeler Art bis hin zum Feng-Shui-Garten. Angelegt wurde die 25 Hektar große Grünanlage 2005 anlässlich der Landesgartenschau. Ziel der Planer war zum einen, das ehemals als Müllablagestelle genutzte Areal zu renaturieren und zum anderen, einen Zugang zum Rhein zu ermöglichen. Denn diesen gab es bislang im ganzen Leverkusener Stadtgebiet nicht. Mit Erfolg: Über eine halbe Million Besucher kamen zur „LaGa". Heute ist der Park als Naherholungsziel äußerst beliebt.

Bahn

- Leverkusen-Mitte
- RE und S-Bahn ca. alle 10 Min. (ab Köln Hbf 14 Min.) und ca. 10 Min. Fußweg

Auto

- 17 km, ca. 30 Min.

Nicht verpassen

- Flanieren durch die Bayer-Werkkolonie II („Anna-Siedlung")
- Im Kolonie-Museum mehr erfahren über die Wohn- und Lebensverhältnisse in der Arbeitersiedlung
- Vom Wasserturm Leverkusen-Bürrig aus eine tolle Aussicht genießen

Durch den Park schlängeln sich mehrere – auch überregionale – Radwege

Odenthal

Altenberger Dom:
Der ganze Stolz des
Bergischen Landes

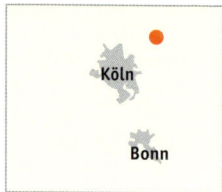

Die Dhünn mäandert gemächlich durchs Tal, grüne Auenwiesen erstrecken sich entlang des Ufers, bewaldete Hügel rahmen die Szenerie ein – und inmitten dieses Bergischen Idylls erheben sich, fast ein wenig unwirklich, die schroffen gotischen Konturen des Altenberger Doms.

Zu jeder Jahreszeit ist der „Bergische Dom" ein Ort, der Besucher in Scharen anlockt. Denn es ist in der Tat ein besonderer Ort. 1259, etwa zeitgleich mit dem Baubeginn des Kölner Doms, wurden seine Grundsteine gelegt, wobei ältere Teile mutmaßlich zur Klosterkirche einer Zisterzienserabtei aus dem 12. Jahrhundert gehören. Zu großer Bekanntheit und zum Status eines Wallfahrtsziels verhalfen dem Kirchenbauwerk diverse Reliquien. Nicht zuletzt ist es auch die Grabstätte der Grafen und Herzöge von Berg, den Namensgebern des Bergi-

schen Landes. Da der Altenberger Dom nie die Kathedralkirche eines Bistums war, ist er streng genommen kein Dom. Den Titel trägt das Bauwerk allein aufgrund seiner Größe.

Eine weitere Besonderheit: Seit 1857 ist der Altenberger Dom eine Simultankirche. Dies bedeutet, dass das Gotteshaus gleichermaßen von der katholischen als auch von der evangelischen Kirche genutzt wird. Diese Regelung geht zurück auf eine Verfügung des preußischen Königs Friedrich Wilhelm IV, der nach einem Großbrand half, den Dom wieder aufzubauen.

Eingebettet ist der Altenberger Dom in ein gut ausgeschildertes Netz aus Wander- und Spazierwegen. Empfehlenswert ist der 4,5 Kilometer lange Kultur- und Waldlehrpfad. Er startet am Eingang des Doms, führt in einer Schleife in den Wald und wieder zurück.

Bahn & Bus

- Haltestelle Odenthal-Altenberg
- Bus 432 ab S-Bahnhof Bergisch Gladbach (ab Köln Hbf mit der S-Bahn und Umsteigen 56 Min.)

Auto

- 28 km, 35 Min.

⭐ Musik im Altenberger Dom

Beeindruckend sind die vielfältigen musikalischen Veranstaltungen im Altenberger Dom – von Chorkonzerten über Orgel- und Sinfoniekonzerte bis hin zu Mitsing-Veranstaltungen. Besonders berührend ist das alljährlich dargebotene Weihnachtsoratorium.
www.altenberger-dommusik.de

Rund um den Dom erstreckt sich ein weitläufiges Netz von Wanderwegen

Der Dom ist die letzte Ruhestätte der Grafen und Herzöge von Berg

14 Overath

Mit dem E-Bike in Bergische Höhen

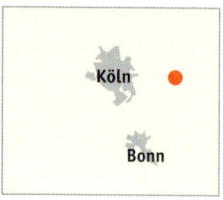

Knapp 30 Kilometer östlich von Köln wird es hügelig! Die Oberbergische Bahn schraubt sich, kaum hat sie die Kölner Stadtgrenze hinter sich gelassen, gemütlich in immer „wildere" Gefilde des Bergischen Landes. Es geht durch Waldgebiete und einen Tunnel, über Wiesen und durch kleine Dörfer bis nach Overath. Der schmucke Bahnhof des Städtchens wurde 2019 als Wanderbahnhof ausgezeichnet, denn Wanderer können hier direkt vom Bahnsteig losmarschieren und sind innerhalb weniger Minuten in dichtem Wald. Direkt am Bahnhof, seitlich des roten Anbaus, befinden sich die Leihräder, genannt Bergische E-Bikes.

Um deren Power voll ausnutzen zu können, führt eine mögliche Tour hinauf in die Hügel. Vom Bahnhof geht es in Richtung des Flüsschens Agger. Am Hallenbad „Badino" die Brücke überqueren und unmittelbar danach links auf den Weg entlang der Agger einbiegen. Der Weg führt bald bergauf, macht eine große Rechtsschleife in den Wald und endet im Ortsteil Wasser. Dort nach etwa 200 Metern scharf rechts nach oben abbiegen, dem Wegweiser Richtung Vilshoven folgen. Es geht eine längere Strecke bergauf, bis der Weg T-förmig auf eine Landstraße stößt. Hier links abbiegen und wenige hundert Meter auf der Landstraße bis zum Kreisverkehr „Sonne" fahren.

Nun sind in Blickrichtung geradeaus bereits die Türme des Marialindener Doms zu sehen. Die Tour setzt sich fort auf dem Radweg entlang der Pilgerstraße und führt einmal komplett durch Marialinden.

Bahn

- Bahnhof Overath
- RB zweimal stündlich (ab Köln Hbf 34 Min.)

Auto

- 29 km, 26 Min.

🍴 Gasthaus Hohkeppeler Hof

Schräg gegenüber der Kirche in Hohkeppel liegt das gemütliche Gasthaus *Hohkeppeler Hof*. In dem über 220 Jahre alten Fachwerkhaus befindet sich bereit seit über 100 Jahren eine Gastwirtschaft. Besondere Empfehlung: Jeden Mittwoch ist im Hohkeppeler Hof Reibekuchentag!

Laurentiusstraße 29 |
www.hohkeppeler-hof.de

Das sehenswerte Fachwerkhaus „Weißes Pferdchen" in Hohkeppel

Nach dem Ortsausgang am Fußballplatz links abbiegen auf die Dahler Straße und kurz darauf erneut links auf die Vilkerather Straße, die später Breidenassel heißt. Nun verläuft die Route für ca. 3 Kilometer bergab auf der Landstraße.

Im Tal angekommen geht es unter der Autobahnbrücke hindurch, nach Vilkerath hinein, bis zur Kölner Straße und dort auf dem Fahrradweg rechter Hand weiter. Nach ca. 1,5 Kilometern zweigt links die Straße Unterstaat ab. Wer noch einen kleinen Schlenker machen möchte: Etwa 800 Meter entfernt vom Abzweig Unterstaat, entlang

der Kölner Straße, liegt rechter Hand das malerische Schloss Ehreshoven. Andernfalls geht es nun über Unterstaat ordentlich bergauf. Es lohnt sich, am Gasthaus *Bergische Schweiz* Halt zu machen, die Aussicht zu genießen oder eine Bergische Waffel zu genießen.

Zurück auf dem Rad führt der Weg von der *Bergischen Schweiz* weiter bergauf, durch Wald, vorbei an Pferdekoppeln und landwirtschaftlichen Betrieben bis in das schmucke Dorf Hohkeppel. Sehenswert hier ist das Fachwerkhaus *Weißes Pferdchen* gegenüber der Kirche, eine ehemalige Poststation und Fuhrmannsher-

Blick vom Gasthaus Bergische Schweiz in Richtung Engelskirchen

berge. Nun führt der Weg langsam wieder zurück Richtung Overath – und zwar auf der Laurentiusstraße, die außerhalb des Ortes zur L 84 wird. Noch einmal verläuft die Route für knapp 4 Kilometer entlang der Landstraße. Im Dörfchen Kreutzhäuschen geht es an der Kreuzung scharf nach links und auf dem gut ausgebauten Fahrradweg hinab bis nach Overath. An der Ampel im Gewerbegebiet rechts abbiegen auf die Kölner Straße (B 55) und dieser folgen bis in den Ortskern Overaths, wo schließlich links der Bahnhofsplatz abzweigt und sich der Kreis der Radtour schließt.

 Wanderung auf dem Liederweg

Vor dem Rückweg nach Overath eine Runde wandern: In Hohkeppel startet am *Weißen Pferdchen* der gut ausgeschilderte 3,8 Kilometer lange Liederweg. Unterwegs wird es abwechslungsreich. Neben dem geheimnisvollen „alten Schloss" passiert die Wanderung eine Wassertretstelle, die Mariengrotte, die sogenannte Zwergenhöhle sowie zwölf Liedstationen. Dort darf kräftig geschmettert werden.

15 Rheinbach
Die Glasstadt am Römerkanal

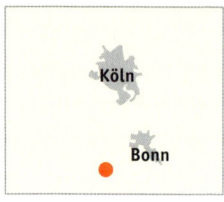

Köln

Bonn

Es ist eine beschauliche Fahrt dorthin, wo die Landschaft flach ist, aber Anlauf nimmt für die Erhebungen der Voreifel im Westen und des Ahrgebirges im Süden.

Beschaulich und einen Besuch wert ist auch das Städtchen Rheinbach: zum Schlendern durch pittoreske Gassen, Bewundern schmucker Fachwerkhäuser, Erschaudern im Hexenturm – und ganz besonders für historisch und handwerklich Interessierte. Denn Rheinbach trägt den Beinamen „Glasstadt". Zum einen beherbergt die Kleinstadt die Staatliche Glasfachschule, in der Glastechnik und -gestaltung sowie Grafik und Mediendesign gelehrt werden. Zum anderen zieht das Glasmuseum als Erlebnisort und außerschulischer Lernort Besucherinnen und Besucher in seinen Bann – und zwar auch diejenigen, die (noch) keine besondere Affinität zum Werkstoff Glas haben.

Dass Rheinbach überhaupt einen so engen Bezug zu Glas hat, ist historisch begründet. Nach dem Zweiten Weltkrieg siedelten sich in der kleinen Stadt zahlreiche sudetendeutsche Glasveredler aus Böhmen an und bauten hier ihre Werkstätten neu auf. Bald florierten die Geschäfte und schon 1948 wurde die Staatliche Glasfachschule Rheinbach als Nachfolgerin der entsprechenden Schule in Nordböhmen gegründet.

Seit 1989 ist das Glasmuseum beheimatet im kulturellen Mittelpunkt der Stadt, dem Himmeroder Hof. Der Innenhof dieser ehemaligen Klosteranlage und Gutshof bietet eine passende Kulisse für zahlreiche Veranstaltungen, wie etwa Ausstellungen, Feste oder das jährliche Musikfestival „Kultur im Hof". Überdies beherbergt der Himmeroder Hof das Besucherzentrum des Naturparks Rheinland.

Bahn

- S-Bahnhof Rheinbach
- S-Bahn alle 10–20 Min. ab Bonn Hbf (ab Köln Hbf mit RE und Umsteigen 76 Min.)

Auto

- 48 km, 45 Min.

Nicht verpassen

- Auf dem Römerkanal-Wanderweg tief in die römische Geschichte eintauchen und die Baukunst bestaunen
- Zur romantischen Burgruine Tomburg wandern (ca. 6 Kilometer)

In unmittelbarer Nachbarschaft: Glasmuseum und Hexenturm

Doch dies ist noch nicht alles, was der Himmeroder Hof und die Stadt Rheinbach zu bieten haben. Denn durch die Stadt verläuft ein touristisches Highlight der Region: der Römerkanal-Wanderweg. 2018 wurde das Besucherzentrum im Himmeroder Hof daher durch das Römerkanal-Infozentrum bereichert.

Der römische Trinkwasserkanal gilt als eines der bedeutendsten technischen Bauwerke aus der Römerzeit nördlich der Alpen. Angelegt wurde er im 1. Jahrhundert n. Chr., um das römische Köln mit Frischwasser aus der Eifel zu versorgen. Eine schier unfassbare Meisterleistung, denn die Wasserleitung musste auf der gesamten Strecke ein ausreichendes Gefälle aufweisen, dabei jedoch beachtliche Hügel und Täler überwinden. Zu diesem Zweck wurden steilere Erhebungen oder auch Senken strategisch günstig umgangen. Durch diese reliefbedingten Umwege betrug die Länge des Kanals knapp 100 Kilometer – deutlich mehr als die reine Luftlinien-Entfernung zwischen Köln und dem Startpunkt der Leitung.

Etwa 20 000 Kubikmeter Trinkwasser flossen so einst täglich nach Köln. Damit die Leitung vor Frost und äußeren Beschädigungen geschützt war, verlief sie größtenteils

Der Himmeroder Hof: Konzert-Location, Museum und Naturparkzentrum in einem

unterirdisch. Bei ca. 70 Zentimeter Breite war sie etwa einen Meter hoch und damit zu Inspektions- und Reparaturzwecken von innen begehbar. Größere Hochbauten zur Überbrückung von Schluchten wurden beim Bau vermieden. Lediglich auf den letzten Kilometern vor der Stadt Köln floss das Wasser offenbar über eine Aquäduktbrücke – Historiker vermuten, dass es sich auf diese Weise besser in die einzelnen Stadtteile lenken ließ. Die Wasserleitung begann im Eifelort Nettersheim und führte über Kall, Mechernich, Rheinbach und Hürth bis in den heutigen Kölner Stadtteil Sülz.

Der Römerkanal-Wanderweg folgt dem Verlauf der Leitung auf insgesamt sieben Etappen zwischen 13 und 22 Kilometern Länge und ist neben Wegweisern auch mit Infotafeln beschildert. Von Rheinbach aus besteht die Möglichkeit, auf dem Römerkanal-Wanderweg zwei verschiedene Etappen zu laufen – je eine pro Richtung. Während in Richtung Köln Etappe 5 (22 Kilometer) nach Bornheim-Brenig führt, bringt in Richtung Eifel Etappe 4 (16 Kilometer) Wandernde nach Euskirchen-Kreuzweingarten. Dort gibt es die Möglichkeit, vom Bahnhof per RB zurück nach Köln zu fahren.

16 Siegburg
Kleine Stadt mit wuchtigem Wahrzeichen

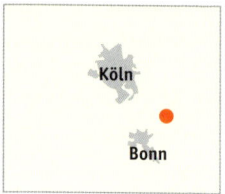

Ganz Siegburg liegt dem Michaelsberg zu Füßen. Rund 45 Meter ragt dessen markante Kuppe aus dem ansonsten flachen Stadtbild hervor. Er ist die letzte Erhebung des Bergischen Landes vor dem Übergang zur Rheinischen Tiefebene.

Hoch oben auf dem einstigen Vulkankegel thront die Abtei St. Michael. Im Jahr 1064 als Benediktinerabtei gegründet, bestand diese zunächst bis zur Säkularisation im Jahr 1803. Nach einer kurzen anderweitigen Nutzung, unter anderem als „Irrenanstalt", belebten niederländische Benediktiner die Abtei erneut. Seit 2011 beherbergt das Bauwerk das Katholisch-Soziale Institut, die Bezeichnung „Abtei" ist jedoch noch immer gebräuchlich. Der Michaelsberg samt seinen grünen Hängen mit teils altem Baumbestand, einem Spielplatz und vielen Spazierwegen liegt mitten im Zentrum Siegburgs und ist vom Bahnhof in wenigen Minuten fußläufig erreichbar. Der Weg vom Bahnhof führt auch über den großen Marktplatz mit vielen Straßencafés und Geschäften, auf dem täglich (außer sonntags) ein Wochenmarkt stattfindet.

Es lohnt sich, vom Marktplatz kommend die Abtei einmal zur Hälfte zu umrunden und sich ihr von der stadtabgewandten Seite über die Alfred-Keller-Straße bzw. Siegfeldstraße zu nähern. Von hier aus winden sich mehrere Spazierwege hinauf bis zu den Befestigungsmauern der Abtei, ehemaligen Wirtschaftshöfen sowie dem Johannistürmchen. Der Aufstieg wird mit einer tollen Aussicht belohnt und ein Café lädt zur Verschnaufpause ein.

Bahn
- S-Bahnhof Siegburg/Bonn
- S-Bahn alle 10 Min. (ab Köln Hbf 30 Min.)

Auto
- 32 km, ca. 27 Min.

Nicht verpassen
- In der Adventszeit den mittelalterlichen Weihnachtsmarkt auf dem Marktplatz besuchen
- Durch die Altstadt schlendern und das rege Treiben auf dem Marktplatz aufsaugen
- Im Freizeitbad *Oktopus* Bahnen ziehen oder auf Tauchstation gehen im 20 Meter tiefen Tauchturm

Das Johannistürmchen samt Wehrgang auf der Abtei Michaelsberg

Burg Wissem:
Innen und außen märchenhaft

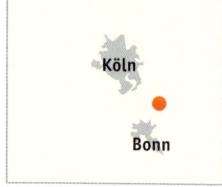

Köln

Bonn

Hängt da nicht ein Rapunzelzopf aus dem Fenster hoch oben im Türmchen? Und sitzt dort drüben, auf dem Rand eines Brunnens, nicht ein Frosch mit goldener Krone? Verwundern würde dies keinesfalls, denn Burg Wissem in Troisdorf sieht schon an sich aus wie ein Märchenschloss. Die Burg ist daher die ideale Behausung für das international bekannte (und europaweit einzige) Bilderbuchmuseum. Neben rund 3 000 Bilderbüchern beherbergt das Museum auch eine Sammlung von Bilderbuchillustrationen der letzten 100 Jahre. Dank einer Dauerleihgabe ist es das weltweit größte Zentrum für Werke des Kinderbuchautors und Illustrators Janosch. Zudem führt es regelmäßig Veranstaltungen, Lesungen sowie Sonderausstellungen durch.

Ein Flügel der Burg beherbergt das Portal Wahner Heide. In diesem Informationszentrum kann man sich über die Bedeutung der benachbarten Heidelandschaft für die Region sowie über das gut ausgebaute dortige Wanderwegenetz informieren. In der ebenfalls zur Burg gehörigen Remise befinden sich weitere kulturelle Einrichtungen, wie zum Beispiel das Museum für Stadt- und Industriegeschichte der Stadt Troisdorf (MUSIT).

Die Ursprünge der Burg gehen auf das 15. Jahrhundert zurück. Die erste schriftliche Erwähnung des Bauwerks stammt aus dem Jahr 1474. Eingebettet ist die Burg Wissem in ein weitläufiges Park- und Waldgelände, das am nördlichen Ende unmittelbar in die Wahner Heide übergeht. Auch ein Hirschpark und der sogenannte Park der Sinne, bestehend aus mehreren Experimentierstationen rund um menschliche Sinneswahrnehmungen, befinden sich im Grün rund um Burg Wissem.

Bahn

- S-Bahnhof Troisdorf
- S-Bahn ca. alle 10 Minuten (ab Köln Hbf 22 Min.)

Auto

- 27 km, ca. 30 Min.

Nicht verpassen

- Im *Caffé dell'Arte* hervorragenden Kuchen, Eis und im Winter leckere Waffeln genießen
- Zur Mündung der Agger in die Sieg und zum tosenden Aggerwehr spazieren (ca. 30 Min. Fußweg)

Kennt fast jedes Kind aus der Region: Burg Wissem und das Bilderbuchmuseum

18 Troisdorf

Mit der Fähre zur Siegmündung

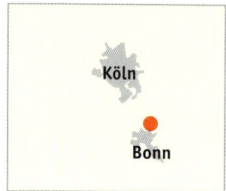

Köln

Bonn

Lautlos gleitet die *St. Adelheid* über die Sieg und befördert Spaziergänger, Wanderer und Radfahrer sanft von der Troisdorfer Seite hinüber ans andere Ufer. Ein Fährmann stakt zur Abfahrt kräftig ins Wasser, schon setzt sich die kleine Fähre in Bewegung – und zwar unmotorisiert. Denn als Antrieb dient die natürliche Flussströmung. Dabei sorgt die Befestigung an einem Stahlseil dafür, dass das Gefährt nicht flussabwärts, sondern nur quer über den Fluss treibt.

Auf Bonner Seite legt die Fähre dann auf der Halbinsel Kemper Werth an, einer schmalen Landzunge, die diesen letzten Abschnitt der Sieg vom Rhein trennt. Ein schmaler Pfad schlängelt sich dort durch Waldgelände und führt Spaziergänger nach etwa zwei Kilometern Fußweg zu der Stelle, wo die Sieg schließlich majestätisch in den

Rhein mündet. Es lohnt sich, hier ein wenig zu verweilen und dem Treiben auf dem Fluss zuzusehen, bevor es auf gleichem Wege wieder zurück zum Fähranleger geht. Wieder übergesetzt zur anderen Seite empfiehlt sich eine Rast im weit über die Region hinaus bekannten Ausflugslokal *Zur Siegfähre* mit bester Aussicht auf Sieg und Fähre.

Um das deftige Essen zu verdauen, bietet sich noch ein Spaziergang durch die Siegauen an. Dieser startet unterhalb der Autobrücke und folgt dem Wegweiser „Siegmündung". Zu bestaunen ist hier ein Auengebiet, wie es sein muss: Weitläufige Flächen, schachbrettartig durchzogen von Spazierwegen. Und das alles umringt von riesigen Bäumen und mannshohem Schilf. Keinesfalls sollte man jedoch die Wege verlassen. Denn das Naturschutzgebiet ist Heimat unzähliger Vogelarten.

Bahn & Bus

- Haltestelle Troisdorf-Bergheim Fährhaus
- Bus 550 ab Bonn Hbf (ab Köln Hbf mit RE und Umsteigen 51 Min.)

Auto

- 34 km, 33 Min.

Nicht verpassen

- Mit dem Fahrrad übersetzen und die Auenlandschaft per Rad erkunden
- Frische Waffeln oder einen Eisbecher genießen im Lokal *Zur Siegfähre*

Beachtlich: Zielgenau und mit Muskelkraft steuert der Fährmann das Boot zum Ufer

Radler, Abenteuerlustige, Wanderer, Stadtflüchtende: alles trifft sich am Siegufer

Mal eben Tapetenwechsel

Auftanken bei Halbtagstouren ins Umland

19 Ahrtal

Unterwegs auf dem Rotweinwanderweg

Schroffe Felsen, weite Ausblicke, schmale Pfade und alles gesäumt vom Relief der Weinberge: Für viele Wanderbegeisterte gilt der Rotweinwanderweg als einer der schönsten Wege Deutschlands – für Weinliebhaber sowieso. Denn auf einer Länge von insgesamt 35 Kilometern führt die Route in mehreren Etappen durchs Ahrtal, das größte geschlossene Rotwein-Anbaugebiet Deutschlands.

Bis auf die Zuwege verläuft der Wanderweg ausschließlich in den Höhenlagen. Er blieb so von der Flutkatastrophe im Sommer 2021 weitgehend verschont – auch wenn die schweren Zerstörungen der Orte im Tal wohl noch lange sichtbar sein werden. Die 1972 eröffnete Route folgt dem Verlauf der Ahr und erstreckt sich vom Startort Altenahr in Richtung Nordosten über Bad Neuenahr-Ahrweiler bis nach Bad Bodendorf bei Remagen.

Die schönsten Ausblicke und abwechslungsreichsten Wegabschnitte befinden sich an der Mittelahr. Dort reihen sich unter anderem die Weinbauorte Mayschoß, Rech und Dernau wie auf einer Perlenkette aneinander. Ein guter Startpunkt für eine ca. 8 Kilometer lange Halbtageswanderung an der Mittelahr ist Mayschoß. Der Ort liegt an einer der engsten Stellen des Ahrtals und wurde daher von der Flutkatastrophe besonders stark getroffen. Er ist jedoch durch die Busse des Schienenersatzverkehrs (SEV) gut an das öffentliche Nahverkehrsnetz angebunden.

Von der Bushaltestelle Bahnhof/Winzerverein in Mayschoß geht es zur Dorfmitte und über die Dorfstraße in Richtung Weinberge. Am

Bahn

- Bahnhof/Winzerverein Mayschoß
- Bus (Schienenersatzverkehr 1) ab Ahrweiler (ab Köln Hbf mit IC bis Remagen und Umstieg in RB 107 Min.)

Auto

- 69 km, 62 Min.

Tipp

Nicht nur zur Weinlese (September/Oktober) ist der Rotweinwanderweg einen Besuch wert. Empfehlenswert sind auch Frühling und Frühsommer oder aber sonnige Wintertage. Der Rotweinwanderweg verläuft auf der Sonnenseite des Tals und beschert Wandernden an klaren Wintertagen eine satte Lichtdusche.

Der Weg verläuft mitten durch die terrassenförmig angelegten Weinberge

Bei Dernau eröffnet sich ein besonders weites Panorama über die Weinberge

Ortsausgang steigt der Weg allmählich an und gibt Stück für Stück den Blick frei auf das beeindruckende Weinberg-Panorama. Von hier an gilt es, der Beschilderung „Rotweinwanderweg" (stilisierte rote Traubendolde) zu folgen. Die Dorfstraße schraubt sich weiter nach oben und gelangt zum Weinhaus Michaelishof, wo ein Schild nach rechts weist und so den Einstieg in den Rotweinwanderweg markiert.

Nach kurzen, teils steilen Bergauf-Passagen pendelt sich der Weg in etwa auf gleichbleibender Höhe ein und verläuft von nun an inmitten der Weinberge in Richtung des etwa 2 Kilometer entfernten Ortes Rech. Die Ahr und die Talstraße zur Rechten bleiben dabei stets in Sichtweite. Oberhalb von Rech in Laufrichtung Dernau passiert der Weg die Weinlaube *Eremitage,* die in der Region Kultstatus hat. Unter freiem Himmel laden hier weinrebenumrankte Tische und Bänke dazu ein, die malerische Aussicht zu genießen. In der Hauptsaison (September und Oktober) findet hier jeweils samstags und sonntags Weinausschank einer ortsansässigen Weinmanufaktur statt.

Je nach Lust und Laune (und Anzahl der genossenen Gläser) be-

An sonnigen Herbsttagen ist das Farbspektakel in den Weinbergen besonders prächtig

steht die Möglichkeit, die Tour nun abzukürzen und einen der Pfade hinunter nach Rech zu nehmen. Hier besteht Anschluss an den Schienenersatzverkehr. Andernfalls setzt sich der Weg fort Richtung Dernau, dem größten Weinort an der Mittelahr. Teilweise verläuft die Route in diesem Abschnitt auf asphaltierten Wirtschaftswegen. Oberhalb von Dernau gibt es mehrere Pfade hinunter ins Dorf und damit zu den Schienenersatzverkehr-Bussen. Die Bahnstationen Dernau, Rech und Mayschoß wurden durch die Flutkatastrophe zerstört. Die Wiedereröffnung ist derzeit noch nicht absehbar.

 **Abstecher zum Weingut und Kloster Marienthal**

Von Dernau aus lohnt es sich, die Etappe noch um einen etwa 2,5 Kilometer langen Abstecher (hin und zurück 5 Kilometer) zum Weingut und Kloster Marienthal zu erweitern. Hierfür geht es oberhalb des Ortes Dernau weiter auf dem Rotweinwanderweg. Das ehemalige Augustinerinnenkloster ist das älteste Kloster an der Ahr. Heute beherbergt es unter anderem ein Weinlokal. Empfehlenswert sind hier die deftigen Kleinigkeiten zum Wein, wie beispielsweise Flammkuchen oder Zwiebelkuchen. Zudem finden hier Weinproben sowie gelegentlich Konzerte oder ähnliche Veranstaltungen statt.

20 Ahrweiler

Die geheime Welt des Regierungsbunkers

Wer im Ahrtal zwischen Dernau und Ahrweiler über die Weinberge spaziert, ahnt nicht, dass sich im Inneren der Hänge eine ganz eigene, geheime Welt verbirgt.

Zwischen 1960 und 1972, in der Hochzeit des Kalten Kriegs, legte die damalige Bundesregierung hier einen atomsicheren Ausweichbunker an. Der Plan: Im Falle einer Zuspitzung des Ost-West-Konflikts sollten hier 3 000 ausgewählte Regierungsmitglieder in Sicherheit gebracht werden, um auch bei Ausbruch eines Dritten Weltkriegs übergangsweise handlungsfähig bleiben zu können. Das Bauvorhaben gilt als eines der geheimsten und größten Projekte der deutschen Nachkriegszeit. Über 17 Kilometer betrug die Gesamtlänge aller Gänge in der Bunkeranlage. Insgesamt befanden sich hinter den mächtigen, atombombensicheren Toren 936 Schlaf- sowie 897 Büroräume. Auch eine voll ausgestattete Krankenstation, eine Zahnarztpraxis und ein Friseursalon waren vorhanden, ebenso Trinkwasserversorgung, ein Küchentrakt sowie Proviant für rund 30 Tage.

Nach Ende des Kalten Kriegs wurde der größte Teil des Bunkers aus Kostengründen rückgebaut. Für eine zivile Nutzung fand sich kein passendes Konzept. Stattdessen wurde die gesamte Anlage als Symbol des Kalten Kriegs zu einem Dokumentationszentrum samt Museum ausgebaut. Gut 200 Meter Tunnel sind heute im Rahmen einer Führung zugänglich.

Bahn

- Bahnhof Ahrweiler Markt
- RB ab Bahnhof Remagen (ab Köln Hbf mit IC und Umsteigen 69 Minuten) und ca. 20 Min. Fußweg

Auto

- 60 km, ca. 45 Min.

 Dokumentationsstätte Regierungsbunker

Am Silberberg 0 |
53474 Bad Neuenahr-Ahrweiler |
www.regbu.de

 Museum Römervilla

Unterhalb der Dokumentationsstätte befindet sich das Museum Römervilla. Zu sehen ist eine detaillierte Ausgrabungsfläche des Herrenhauses eines römischen Gutshofes.

Blick in den nach Ende des Kalten Kriegs rückgebauten Tunnel

Mobiliar des unterirdischen Aufenthaltsraums des Bundespräsidenten

21 Andernach

Dem Eifel-Vulkanismus auf der Spur

Zunächst wirkt alles ganz normal. Dann beginnt ein leises Gurgeln, das zu einem Brodeln anwächst. Und schon kommen erste Blasen aus dem rötlich-braunen Gestein. Binnen weniger Augenblicke schießt dann das Wasser empor, als hätte im Untergrund jemand einen Wasserschlauch angestellt. Wer an heißen Sommertagen eine Erfrischung sucht, wird sich über diese kühle Dusche freuen.

Die Fontäne wächst an und erreicht bei manchem Ausbruch eine Höhe von bis zu 60 Metern. Damit ist der Andernacher Geysir der größte Kaltwassergeysir der Welt. Etwa alle 100 Minuten wiederholt sich das Spektakel für eine Dauer von sechs bis acht Minuten und gibt damit den Takt vor, in dem Besucher zum Geysir vorgelassen werden. Denn dieser liegt auf einer streng unter Naturschutz stehenden Halbinsel im Rhein und ist nur per Schiff erreichbar.

Vor der Überfahrt empfiehlt sich ein Rundgang im Geysir-Zentrum. Hier werden Entstehung und Ablauf der Geysir-Dynamik erklärt und Besucherinnen und Besucher erfahren, dass es weltweit nur etwa ein Dutzend Kaltwasser-Geysire gibt. Das Besucherzentrum liegt nur einen Steinwurf vom Fähranleger entfernt in den Andernacher Rheinanlagen.

Nach der Rückkehr vom Geysir lohnt ein Spaziergang durch die Andernacher Grünflächen, wie beispielsweise die Rheinanlagen. Denn seit einigen Jahren gestaltet die Rheinstadt öffentliche Parks und Grünanlagen nach dem Konzept der „Essbaren Stadt": Obstbäume, Beerensträucher, Spaliergehölze und Küchenkräuter stehen hier bereit und dürfen geerntet werden.

Bahn

- Bahnhof Andernach
- IC und RE ca. alle 30 Min. (ab Köln Hbf 45 bzw. 57 Min.) und ca. 12 Min. Fußweg

Auto

- 85 km, ca. 60 Min.

Nicht verpassen

- Mit der Fähre übersetzen nach Leutesdorf, ans gegenüberliegende Rheinufer
- Brombeerspezialitäten essen in der urig-gemütlichen Leutesdorfer Brombeerschenke
  www.brombeerschenke.de

Vorsicht: Beim Annähern an den Geysir kann es feucht werden!

Im Museum wird gezeigt, wie eine Tunnelbohrmaschine durch das Gestein bricht

Bad Münstereifel

Radioteleskop Effelsberg: Ins Weltall horchen

Düsseldorf
Köln
Bonn
Wiesbaden

Die Wanderung „EifelSchleife Zum Radioteleskop" startet am Burgparkplatz in Bad Münstereifel. Über die Straße Delle geht es aufs Kreuzgäßchen und am Wanderparkplatz rechts auf den Roderter Kirchweg. Dieser führt steil bergauf bis zum Örtchen Rodert, das auf der Waldstraße durchquert wird. Dann etwa vier Kilometer dem Effelsberger Weg folgen, bis dieser die L234 kreuzt. Es geht weiter bergauf für etwa zwei Kilometer, dann rechts auf den Judenweg und durch Scheuerheck bis nach Effelsberg.

Je nach aktueller Ausrichtung lugt das Teleskop bereits aus einiger Entfernung durch die Baumwipfel. Noch spannender wird es, wenn man dann die gut 800 Meter hinab ins Tal geht. Plötzlich steht man direkt vor dem Koloss, mit dem die Forscherinnen und Forscher hier „ins Weltall horchen". Betrieben wird das Radioteleskop seit 1972 vom Max-Planck-Institut für Radioastronomie. Mit einem Durchmesser von 100 Metern ist es das weltweit zweitgrößte seiner Art. Aufgrund seiner schüsselartigen Form hat es eine Oberfläche von etwa 7 850 Quadratmetern. Trotz seines Gewichts von 3 200 Tonnen ist das Teleskop äußerst beweglich – es kann sich sowohl um 360 Grad drehen als auch in seiner Neigung gekippt werden.

Das Aussichtsplateau bietet einen direkten Blick auf das Teleskop. Auf einer Stele auf dem Vorplatz des Besucherpavillons gibt es die Möglichkeit, einen ca. 20-minütigen Film über das Teleskop und die Forschung anzuschauen. Für den Rückweg nach Bad Münstereifel kann ab Effelsberg der Bus 828 bis zum Bahnhof genommen werden.

Bahn & Bus

- Bahnhof Bad Münstereifel
- Bus (Schienenersatzverkehr) ab Euskirchen (ab Köln Hbf mit RE und Umsteigen 89 Min.)

Auto

- 70 km, ca. 75 Min.

 Themenwege

Auf ausgeschilderten Themenwegen die Umgebung erkunden: Der Galaxienweg (2,6 km) führt vom Wanderweg hinter dem Teleskop zur Martinshütte, der Milchstraßenweg (4 km) von Burgsahr zum Besucherpavillon. Der Zeitreiseweg (5,2 km) umrundet das Teleskop. Start und Ziel ist der Besucherpavillon.

Einen Eindruck von der Größe des Teleskops erhält man von der Aussichtsplattform

23 Düsseldorf

Schloss Benrath:
Lustwandeln wie die Fürsten

Hier dreht sich alles um die schönen Seiten des Lebens: um Baukunst, die Schönheit der Natur, um bildende Künste, lustvolles Leben, Naturgenuss und Romantik. Denn Schloss Benrath wurde geschaffen als ein „Maison de plaisance" – ein Jagd- und Lustschloss. Kurfürst Carl Theodor von Pfalz-Sulzbach gab 1755 einem französischen Bau- und Gartendirektor den Auftrag zum Bau des als Sommersitz gedachten Bauwerks. Dieser wählte als Standort das damals noch ländliche Benrath, das 12 Kilometer südlich des Düsseldorfer Zentrums liegt.

Heute befinden sich im Schloss Benrath drei Museen. Das Museum Corps de Logis im gleichnamigen Haupthaus, dem architektonischen Blickfang des Anwesens, beherbergt eine umfangreiche Möbelsammlung. In einem der Seitenflügel ist ein Naturkundemuseum mit stark regionalem Bezug untergebracht:

Zu sehen sind hier, neben einer liebevoll in Dioramen aufgebauten Sammlung präparierter Vögel, lokale geologische Funde, eine Schmetterlingssammlung und Ausstellungsstücke zur heimischen Pflanzenwelt. Das dritte Museum ist das Museum für Gartenkunst. Es thematisiert die künstlerische Gartengestaltung, wie etwa Gehölzschnittkunst. Ein besonderer Blickfang innerhalb des Museums ist der Innenhof mit Arkaden und historischen Zitrusbäumen.

Highlight der Benrather Schlossanlage ist der 61 Hektar große, öffentlich zugängliche Schlosspark. In Verlängerung des Corps de Logis befindet sich zunächst der imposante Spiegelweiher, gesäumt von prächtigen alten Bäumen. Westlich davon geht der Park in ein waldähnliches Terrain über, das sich bis zum Rhein fortsetzt. Östlich des Spiegelweihers befinden sich Orangerie, Obstbaumwiese und Küchengarten.

Bahn

- Bahnhof Düsseldorf-Benrath
- RE zweimal stündlich (ab Köln Hbf 23 Min.) und ca. 8 Min. zu Fuß

Auto

- 35 km, 38 Min.

Nicht verpassen

- Geheime Winkel und Gänge erkunden bei der Schlossführung „Verborgene Räume"
- Fürstliches Frühstück oder Kaffee und Kuchen genießen im Schlosscafé

Schloss Benrath mit Haupthaus und den beiden seitlichen Flügeln

Engelskirchen

Kraftwerk Ermen & Engels: Die Kraft des Wassers

Duisburg · Dortmund
· Düsseldorf
Köln ●
· Bonn

Hoch ragt der Backsteinschlot neben den schmuck restaurierten alten Industriegebäuden am Rande Engelskirchens. Die Größe des Ensembles überrascht in dem ansonsten eher unscheinbaren Städtchen. Und ein näheres Hinsehen lohnt, denn hier wurde Geschichte geschrieben.

1837 erwarb Friedrich Engels sen., inspiriert von der bereits fortgeschrittenen Industrialisierung in England, ein Grundstück nahe der Agger bei Engelskirchen, um dort mit dem Niederländer Peter A. Ermen eine Textilfabrik zu errichten. Der Kauf umfasste auch das Recht, mit der Wasserkraft der Agger die Maschinen anzutreiben. Bald florierten die Geschäfte und das Unternehmen investierte Stück für Stück in zusätzliche Energieversorgung in Form von Turbinen und Dampfkesseln. Ab 1900 kamen stromerzeugende Generatoren hinzu, sodass die Fabrik bald einen Überschuss an Strom produzierte. Mit diesem versorgte sie unter anderem die Fabrikantenvilla. Ab 1903 konnte sich Engelskirchen über eine elektrische Straßenbeleuchtung freuen. Ab den 1950er-Jahren gingen die Arbeitsplätze in der Textilindustrie massiv zurück und 1979 musste das Unternehmen Ermen & Engels seine Produktion einstellen.

Heute steht das ehemalige Wasserkraftwerk der Fabrik im Zentrum des Museums. Besucherinnen und Besucher können die Turbinen, das Schwungrad sowie den Generator besichtigen. Gezeigt wird, wie Wasserkraft Energie erzeugen kann und so technische Entwicklungen vorantrieb. Bei einem Rundgang über das Gelände kann außerdem die Fabrikantenvilla der Familie Engels und ein ehemaliges Lagergebäude besucht werden.

Bahn

- Bahnhof Engelskirchen
- RB alle 30 Min. (ab Köln Hbf 48 Min.)

Auto

- 41 km, 32 Min.

 Museum Kraftwerk Ermen & Engels

Engels-Platz 2 |
www.industriemuseum.lvr.de

Nicht verpassen

- Die historische Hammerschmiede Oelchenshammer besichtigen (3,5 km, Wegbeschreibung im Museum)

Das Haupthaus ist nur ein Teil des großen Gebäudekomplexes

25 Koblenz

Wo sich Rhein und Mosel küssen

Düsseldorf
Köln
Bonn
Wiesbaden

Es ist ein bombastischer Ort! Schroffe Felsen säumen das Ufer auf der einen, eine breite, mit Löwenkopf-Statuen dekorierte Promenade auf der anderen Seite. Flaggen wehen majestätisch und lenken die Aufmerksamkeit auf die spitz zulaufende Brüstung, die den Übergang der Mosel in den Rhein markiert. Im Hintergrund thront das Kaiser-Wilhelm-Denkmal. Keine Frage, das Deutsche Eck in Koblenz feiert Mosel und Rhein, die hier aufeinandertreffen und verschmelzen. Viel Pracht in einer Stadt, die viele Menschen – wenn überhaupt – nur von der Durchreise kennen. Dabei lohnt es sich, hier auf Entdeckungstour zu gehen.

Koblenz gehört mit seiner gut 2 000-jährigen Geschichte zu den ältesten Städten Deutschlands. Um das Jahr 0 herum entstand nur wenige Meter vom Deutschen Eck entfernt, nahe der heutigen Kastorkirche, das römische Castellum apud Confluentes („Kastell bei den Zusammenfließenden"). Mit dem Niedergang des Römischen Reichs um 500 n. Chr. eroberten die Franken die Stadt. Für Koblenz brachen turbulente Jahrhunderte mit wechselnden Herrschaften an. Zu Beginn des 19. Jahrhunderts fiel Koblenz an Frankreich und wurde zur Hauptstadt des französischen Département de Rhin-et-Moselle. Im Zweiten Weltkrieg wurde Koblenz zu 85 Prozent zerstört.

Ein Tagesausflug beginnt idealerweise am „Sahnestückchen" der Stadt, dem Deutschen Eck. Dieses ist vom Hauptbahnhof in etwa 30 Minuten zu Fuß zu erreichen. Der Weg führt durch einige Einkaufsstraßen, durch die Altstadt hin zum

---

Bahn
- Koblenz Hauptbahnhof
- RE alle 60 Min. (ab Köln Hbf 79 Min.)

Auto
- 110 km, 85 Min.

Nicht verpassen
- Die faszinierende Aussicht genießen von der Aussichtsplattform „Koblenzer Kanten" im Festungspark Ehrenbreitstein
- Comedy, Kabarett, Jazz- oder Rockkonzert erleben im legendären Koblenzer *Café Hahn*
  www.cafehahn.de

Schwebend ans andere Rheinufer. Dank der Rheinseilbahn seit 2011 möglich.

Peter-Altmeier-Ufer und dann weiter zur postkartenreifen Moselmündung. Auf den Höhen des gegenüberliegenden Rheinufers prangt die stattliche Festung Ehrenbreitstein, zu der man am schönsten mit der Rheinseilbahn gelangt. Die Talstelle befindet sich am dem Rhein zugewandten Konrad-Adenauer-Ufer. Erbaut anlässlich der Bundesgartenschau 2011 befördert die größte Seilbahn Deutschlands pro Gondel 35 Passagiere auf die andere Rheinseite. Auf 112 Meter Höhe endet sie an der dortigen Festung Ehrenbreitstein. Die einstige preußische Befestigungsanlage wurde bis 1918 militärisch genutzt und ist heute ein Kulturzentrum. Unter anderem befinden sich hier das Landesmuseum Koblenz sowie die Koblenzer Jugendherberge. Zudem ist Ehrenbreitstein Veranstaltungsort zahlreicher bedeutender Events wie etwa des Feuerwerk-Spektakels „Rhein in Flammen". Lohnend ist die Teilnahme an einer der Führungen in und über die Festung. Neben „normalen" Führungen, etwa durch das Landesmuseum, oder der „klassischen Festungsführung", gibt es auch verschiedene Themenführungen.

Wie sehr der Rhein Koblenz und die ganze Region schon immer

Flaggen gehisst: Am Zusammenfluss von Rhein und Mosel herrscht feierliche Stimmung

geprägt hat, wie sich die Rhein-schifffahrt entwickelt hat, was es mit der Rheinromantik auf sich hat und wie der Rhein in der Kunst darge-stellt wird, all diesen Fragen geht das Rhein-Museum nach. Es liegt zu Füßen der Festung Ehrenbreitstein und lässt sich von der Festung aus am besten mit dem Ehrenbreitsteiner Schrägaufzug erreichen.

Um den Kreis zu schließen und wieder zurück auf die andere Rheinseite zu gelangen, bietet sich eine Fährüberfahrt mit der Ehrenbreitsteiner Fähre, genannt *Gilles Schängel Shuttle* an.

 Kaiser-Wilhelm-Denkmal

Das Kaiser-Wilhelm-Denkmal am Deutschen Eck erinnerte ursprünglich an die Deutsche Reichsgründung 1871. Als das Standbild im Zweiten Weltkrieg zerstört wurde, verblieb nur der Sockel. 1953 bis 1990 diente dieser als „Mahnmal der Deutschen Einheit". Nach der Wiedervereinigung gab es kontroverse Diskussionen über eine Neugestaltung, bis 1993 eine Nachbildung des originalen Denk-mals wieder auf dem Sockel platziert wurde.

26 Königswinter

Drachenfels:
Wo ein Drache einst Feuer spie

Zwar ist der Drachenfels bei Königswinter alles andere als ein lauschiges Plätzchen in Abgeschiedenheit, doch tut dies dem grandiosen Ausblick auf Rhein und Siebengebirge keinen Abbruch. Denn auch wenn die Ausflugs-Infrastruktur auf große Besucherströme ausgelegt ist: Es ist wunderschön hier! Wer nicht über genügend Zeit (oder Puste) verfügt, kann den Gipfel (321 Meter) bequem mit der Zahnradbahn erreichen. Es handelt sich bei dieser schmucken Bahn um die älteste noch in Betrieb befindliche Zahnradbahn Deutschlands.

Spannender ist jedoch der Aufstieg zu Fuß, denn es macht Laune, sich Stück für Stück auf dem teils extrem steilen Weg nach oben zu „schrauben", die sich verändernde Aussicht zu genießen und unterwegs so manchem Kuriosum zu begegnen, zum Beispiel der wuchtigen Nibelungenhalle, die zu Fuß Gehende

etwa auf halber Höhe passieren. Der Kuppelbau stammt aus dem Jahr 1913, in dem man den 100. Geburtstag des Komponisten Richard Wagner beging, und beherbergt eine Gemäldesammlung zu Wagners *Ring des Nibelungen*. Der Sage nach soll nämlich auf dem Drachenfels einst ein Drache gewütet haben, der vom Gipfel Ausschau nach Rheinschiffen hielt. Kamen diese zu nahe, spie der Drache Feuer und zerstörte sie.

Auch die sogenannte Drachenhöhle nimmt reichlich Bezug auf das Thema Nibelungen. Man betritt sie durch einen tunnelartigen Gang seitlich der Nibelungenhalle und landet quasi in deren „Hinterhof". Hier präsentiert sich, moosüberwuchert und am Ufer eines Tümpels liegend, der 13 Meter lange, steinerne Drache Fafnir – eine Figur aus Wagners *Ring*.

Zu guter Letzt hat die Nibelungenhalle noch allerlei Lebendiges zu

---

Bahn
- Bahnhof Königswinter
- RE und RB alle 30 Min. (ab Köln Hbf 40 Min.)

Auto
- 42 km, 40 Min.

Nicht verpassen
- Lustwandeln im und um Schloss Drachenburg
- Sonnenuntergang betrachten vom Drachenfels-Hauptplateau
- Flanieren am Königswinterer Rheinufer

Passt perfekt in die mystische Stimmung des Drachenfels: Schloss Drachenburg

bieten: Im angegliederten Reptili-enzoo nämlich leben über 100 ver-schiedene Schlangen, Insekten und Vögel, darunter auch Python und grüne Anakonda, zwei der größten Schlangenarten der Welt. Eine be-achtliche Sammlung, die den Be-stand manches namhaften Zoos in den Schatten stellt.

Es geht weiter bergauf bis zur Mittelstation der Zahnradbahn, wo sich zur Rechten bald Schloss Dra-chenburg erhebt. Das 1884 erbaute historistische Bauwerk enthält Stil-elemente der Neogotik und Neo-renaissance und wurde ursprünglich als Wohnsitz eines reichen Bonner Unternehmers errichtet, der es je-doch nie bewohnte. Stattdessen be-herbergte das Schloss unter ande-rem eine katholische Heimschule, ein Kunstmuseum sowie ein Hotel. Heute ist es im Besitz der NRW-Stif-tung und dient als Event-Location.

Hat man das Schloss Drachen-burg hinter sich gelassen, ist es nicht mehr weit bis zum Hauptplateau des Drachenfels. Hier endet auch die Zahnradbahn. Von der dorti-gen Aussichtsplattform samt gro-ßer Freitreppe haben Besucher ei-nen wunderschönen Blick auf das Rheintal. Es gibt ein Restaurant mit Biergarten sowie gelegentliche kultu-

Wer den Drachenfels bis zum Hauptplateau erklimmt, wird mit dieser Aussicht belohnt

relle Veranstaltungen. Und nicht nur bei Sonnenschein ist es hier schön: Man kann sich jederzeit – auch für Stunden – in die Aussicht vertiefen oder den Wolken zusehen, wie sie den Rhein in immer wieder neues Licht tauchen. Und es geht sogar noch eine Etage höher! Hinter dem Restaurant windet sich ein schmaler Pfad hinauf zur Ruine der Burg Drachenfels von 1149 – dem nun wirklich höchsten Punkt des Berges. Spätestens hier mag man in Anbetracht der atemberaubenden Aussicht auch an Drachen und andere mythische Geschöpfe glauben.

🍴 Milchhäuschen: Traditionelles Ausflugslokal mitten im Wald

Ob auf dem Weg nach oben oder wieder herunter vom Drachenfels: Es lohnt sich, für eine Verschnaufpause einen Schlenker (ca. 2 km) zum urig-gemütlichen Ausflugslokal Milchhäuschen einzulegen und unter altem Baumbestand eine kleine, deftige Mahlzeit zu sich zu nehmen. Dafür etwas oberhalb der Zahnradbahn-Mittelstation die Gleise überqueren und in den Weg „Burghof" einbiegen. Diesem folgen, vorbei an der Hirschberghütte und weiter auf der Drachenfelsstraße.

Elsiger Feld 1 | 53639 Königswinter | Tel. (0 22 23) 90 90 00 | www.milchhaeuschen.de

27 Krefeld

Zoo Krefeld: Savannen-Feeling und Tropen-Flair

Über 290 Zoos gibt es in Deutschland, doch sind es meist nur die großen, die auch über die regionalen Grenzen hinaus bekannt sind. Dabei haben oft gerade die kleineren Parks einen besonderen Charakter – oder brauchen besondere Unterstützung.

So auch der Zoo Krefeld. Traurige Berühmtheit erlangte er, als in der Silvesternacht 2019/2020 das Affenhaus komplett niederbrannte. Über 50 Affen, darunter fünf Orang-Utans, kamen dabei ums Leben. Doch der Zoo ließ sich nicht entmutigen und begann bereits kurz nach dem Brand mit den Planungen für einen Wiederaufbau samt Erweiterung: Entstehen soll ein großzügiger Affenpark mit Artenschutz-Zentrum mit dem Ziel, den Schwerpunkt auf der Pflege von Affen- und Menschenaffen weiter zu stärken.

Neben den Affen ist eine weitere Attraktion im Krefelder Zoo ohne Zweifel das Schmetterlingshaus. Inmitten tropischer Vegetation und unter entsprechenden klimatischen Bedingungen flattern darin – komplett frei – zahlreiche Schmetterlinge aus Südamerika, Asien und Afrika. Ebenfalls sehenswert ist das Vogelhaus mit tropisch-feuchtem Klima sowie die großzügige Afrika-Savanne, in der Spitzmaulnashörner in friedlicher Gemeinschaft mit Antilopen, Kudus und Straußen leben. In direkter Nachbarschaft zur Afrika-Savanne liegt die Pelikan-Lagune.

Neben seinem Einsatz für Artenschutz und Tierwohl engagiert sich der Zoo stark für Bildungsaufgaben. In der integrierten Zooschule können Unterrichtsstunden zu zooverwandten Themen abgehalten werden. Ebenso gibt es Angebote für Kindergärten sowie besondere Veranstaltungen wie Nachtsafaris.

Bahn

- Haltestelle Grotenburg/ Zoo
- Straßenbahn 042 oder 043 ab Krefeld Hbf (ab Köln Hbf 60 Min.)

Auto

- 60 km, ca. 50 Min.

Nicht verpassen

- Abstecher zur Burg Linn unternehmen, mit archäologischem Museum, kulturellen Veranstaltungen – und ihrem sehr eigenwilligen Aussehen
- Im Stadtwald spazieren und im Stadtwaldhaus mit Seeblick einen Kaffee oder kleinen Snack genießen

Show-Talente: Das Erdmännchen-Gehege ist bei den Besuchern beliebt

Im GorillaGarten kann man die größten lebenden Primaten in Aktion erleben

Lesen ist eine einsame Angelegenheit? Von wegen. Die Bücherstadt Langenberg, einer der drei Ortsteile der 1975 gegründeten Stadt Velbert, macht vor, wie viel Gemeinschaft die geteilte Liebe zum Buch bringen kann. Neben sechs im Ort befindlichen Antiquariaten und einer alten Druckerei mit Druckereimuseum befinden sich hier eine Buchbinderei, ein Atelier für Kalligrafie und das sogenannte Zimmermuseum Goethe & Ginkgo.

Eines macht Langenberg zu etwas wirklich Besonderem: Zwei Mal jährlich (jeweils im Mai und im September) findet hier ein weit über die Region hinaus bekannter antiquarischer Büchermarkt statt. Dann verwandelt sich die gesamte Stadt in ein Meer aus Bücherständen. Zusätzlich gibt es einen monatlichen Literaturkreis, der neue Teilnehmende jederzeit willkommen heißt.

Doch nicht nur zum Schmökern lohnt es sich, hierherzukommen. Denn Langenberg besitzt eine sehr schöne Altstadt mit typisch Bergischen Fachwerkhäusern und einigen sehr prachtvollen, villenartigen Gebäuden. Wahrzeichen der Stadt ist das in der Hauptstraße gelegene Bürgerhaus Langenberg, das 1913 von einem Seidenfabrikanten erbaut wurde. Fast wie eine Burg mutet das Bauwerk an, in dem heute Konzerte, Theateraufführungen und sonstige Veranstaltungen stattfinden.

Es lohnt sich, sich Zeit für einen Rundgang zu nehmen und in einem der Cafés zu verweilen. Wer gerne tiefer in die Geschichte des Ortes eintauchen möchte, kann dies mittels einer gebuchten Stadtführung tun. Den Titel „Bücherstadt Langenberg" trägt der Ort seit 1998, in Anlehnung an die aus Großbritannien stammende Bücherstadt-Bewegung.

Bahn

- Bahnhof Velbert-Langenberg
- RE ab Wuppertal-Vohwinkel (ab Köln Hbf mit RE/RB und Umsteigen 72 Min.)

Auto

- 65 km, 60 Min.

Nicht verpassen

- Vom Langenberger Zentrum aus den steilen, aber sehenswerten Hordtberg erklimmen
- Kletterkünste unter Beweis stellen im Wald-Kletterpark auf dem Hordtberg

Fachwerk, Schiefer, grüne Fensterläden: typische Häuser des Bergischen Landes

Die Langenberger Altstadt ist voller malerischer Ecken und Winkel

Lindlar

Freilichtmuseum Lindlar: Reise in die Bergische Vergangenheit

Insekten surren, Schmetterlinge flattern über die Wiesen, der Duft von frisch gebackenem Brot weht herüber vom Backhaus und aus der Schmiedewerkstatt ist das „Kling, Kling" der Werkzeuge zu hören. Es ist ein normaler Tag im Lindlarer Freilichtmuseum, denn zu erleben ist hier das Bergische Landleben des 19. Jahrhunderts. Schwarz-weißes Fachwerk und dunkelgrüne Fensterläden sind die markanten Merkmale der traditionellen Fachwerkhäuser im Bergischen Land. Und es gibt reichlich davon im 25 Hektar großen LVR-Freilichtmuseum in Lindlar.

Alle hier präsentierten Gebäude wurden an ihren ursprünglichen Standorten abgebaut und im Museum Lindlar originalgetreu wieder aufgebaut, darunter Wohnhäuser, Bergische Hofanlagen samt Scheunen sowie Gasthäuser, Schmieden, Werkstätten und handwerkliche Betriebe bis hin zu markanten Gebäuden wie einem ehemaligen Trafohäuschen und einem Kiosk. Dabei stammt die älteste Gebäudegruppe aus der Zeit um 1800.

Doch nichts in diesem Museum ist statisch – alles wächst und gedeiht, im wahrsten Sinne des Wortes. So befinden sich auf dem Gelände mehrere liebevoll bewirtschaftete Gärten, unter anderem ein Kräutergarten und die Bergische Gartenarche, ein Garten für alte Obst-, Gemüse- und Blumensorten.

In den Werkstätten und Betrieben zeigen Handwerker alte Arbeitstechniken – von der Seilerei über die Bandweberei bis hin zur Sattlerei. Der Ackerbau auf den Feldern wird mit historischen Geräten und Arbeitspferden betrieben. Besonders großer Beliebtheit erfreuen sich die zahlreichen Veranstaltungen und Märkte.

Bus

- Haltestelle Freilichtmuseum Nord, Lindlar
- Bus SB40 (verkehrt ab Bensberg als Bus 421) (ab Köln Hbf 75 Min.) und ca. 12 Min. Fußweg

Auto

- 34 km, 30 Min.

Nicht verpassen

- Frisch gebackenes Brot aus dem Backhaus probieren
- Im Kräutergarten die unterschiedlichen Düfte genießen
- In den Dauerausstellungen abtauchen in die Zeit um 1900

Erbaut 1880, im Jahr 1995 ins Freilichtmuseum versetzt: Schmiede aus Lindlar

Das Inventar der Schmiede stammt aus den 1950er-Jahren

30 Mettmann

Neanderthal Museum: Ganz dicht am Ursprung der Menschheit

Auf den ersten Blick eine ruhige, waldgesäumte Auenlandschaft, ist das Neandertal heute weltberühmt und für das Verständnis der Menschheitsgeschichte von größter Bedeutung: Die 1856 hier gefundenen, rund 42 000 Jahre alten Knochenfragmente markieren einen Meilenstein der Erforschung der menschlichen Evolution: Sie stammen vom Homo neanderthalensis und sind die jüngsten Spuren des Neandertalers, eines Verwandten des Homo sapiens in Mitteleuropa.

Nur ca. 400 Meter vom Fundort entfernt liegt das 1996 eröffnete Neanderthal Museum und veranschaulicht Besucherinnen und Besuchern 4 Millionen Jahre Menschheitsentwicklung. Besonders beeindruckend sind hier die auf Basis der gefundenen Knochenfragmente rekonstruierten, lebensgroßen Neandertaler-Figuren. Das Museum spricht interessierte Erwachsene sowie Kinder und Jugendliche gleichermaßen an. Neben der multimedial aufbereiteten Dauerausstellung gibt es hier hochkarätige wechselnde Sonderausstellungen zu geologischen, archäologischen oder paläontologischen Themen. Das Museum möchte dem oft abstrakt behandelten Neandertaler ein Gesicht geben und schuf daher „Mr. N.", eine nach neuesten wissenschaftlichen Erkenntnissen rekonstruierte Neandertaler-Figur. Zudem gibt es eine lebensechte Rekonstruktion eines Mammutbabys.

Neu in der Dauerausstellung ist das Thema Klima. Wie wirkt sich der Klimawandel auf bestimmte Bevölkerungsgruppen aus? Lässt sich der Klimawandel in der Eiszeit mit dem heutigen Klimawandel vergleichen? Solche und weitere Fragen werden hier angesprochen.

Bahn

- S-Bahnhof Mettmann-Neanderthal
- S-Bahn ca. alle 20 Min. ab Wuppertal-Vohwinkel (ab Köln Hbf mit RE/RB 66 Min.)

Auto

- 40 km, 40 Min.

Nicht verpassen

- Auf der Entdeckerschleife Stindertal, die unmittelbar am Neanderthal Museum entlangführt, durchs Neandertal wandern
- Wisente, Auerochsen und Tarpane beobachten im Eiszeitlichen Wildgehege Neandertal

Im Museum zu sehen: „Mr. N.", eine lebensechte Neandertaler-Rekonstruktion

Geografisch erstreckt sich das Neandertal etwa 10 Kilometer östlich von Düsseldorf über die Gebiete der Städte Erkrath und Mettmann, durchflossen vom Flüsschen Düssel. Die Topografie des Tals hat sich durch den Abbau von Kalkstein in den letzten Jahrhunderten drastisch verändert. So belegen Zeichnungen und Beschreibungen aus dem frühen 19. Jahrhundert, dass sich hier einstmals eine rund einen Kilometer lange, steile Felsschlucht mit Höhlen und Wasserfällen befand.

1856 zogen im Neandertal zwei italienische Bergbauarbeiter nach und nach insgesamt 16 Knochen-fragmente aus dem lehmigen Erdreich. Sie vermuteten, dass es sich um Bärenknochen handelte und schenkten dem Fund zunächst keine weitere Beachtung. Erst als an gleicher Stelle auch noch eine Schädeldecke zutage befördert wurde, begann der eilig benachrichtigte Eigentümer des Steinbruchs genauer hinzuschauen. Lange Zeit ahnte aber noch niemand, welch epochaler Fund hier gemacht worden war.

Johann Carl Fuhlrott, ein hinzugezogener Lehrer und Naturforscher aus Wuppertal, mutmaßte rasch, es könne sich um Skelettteile eines Urzeitmenschen handeln. Doch die

Ebenfalls zum Museumsgelände gehört der riesige Steinzeit-Spielplatz

Fachwelt bestritt dies vehement. Schließlich lautete die damals gängige Lehrmeinung: „L'homme fossile n'existe pas!" („Der fossile Mensch existiert nicht!"). So wurden die Knochenfunde aus dem Neandertal zu einem wissenschaftlichen Streitobjekt, um das teils hitzige Kontroversen entflammten, bis hin zu allgemeinen Disputen über die zu dieser Zeit gerade aufkommende Evolutionstheorie. Als schließlich sogar Rudolf Virchow, einer der zu dieser Zeit berühmtesten Ärzte und Pathologen, eine urzeitliche Herkunft der Knochen bestritt, kehrte für mehrere Jahre Ruhe ein. Für ihn waren die Knochen lediglich Skelett-Bestandteile eines durch Krankheit gebeugten Mannes.

Fuhlrott jedoch beschäftigte der Fund weiterhin. So lud er 1860 den britischen Geologen Charles Lyell ins Neandertal ein. Der stark von Charles Darwin geprägte Forscher bestätigte schließlich Fuhlrotts ursprüngliche Vermutungen. Bis zur offiziellen Anerkennung von Fuhlrotts These gingen dann jedoch noch einige Jahrzehnte ins Land. Fuhlrott verstarb, ohne je von der wirklichen Bedeutung des Fundes erfahren zu haben.

31 Mönchen-gladbach

Von Schloss Rheydt entlang der Niers

Wer ländliche Herrschaftshäuser liebt, wird in der Region Mönchengladbach auf seine Kosten kommen. Rund 70 Wasserburgen und -schlösser gibt es allein entlang des Flüsschens Niers, das, von Süden kommend, bei Goch in die Maas fließt.

Eines der besterhaltenen Schlösser der Region – und das einzige vollkommen erhaltene Renaissance-Schloss am Niederrhein – ist das im 16. Jahrhundert erbaute Schloss Rheydt in Mönchengladbach. Umgeben ist es von einer ausgedehnten Auenlandschaft mit Wasserläufen, gespeist von der nahegelegenen Niers. Vollends märchenhaft wird es, wenn die hier frei lebenden Pfauen die verwunschenen Wege kreuzen. Dass das Schloss auch als Festungsanlage diente, zeigen die unterirdischen Kasematten, die besichtigt werden können.

Das Ensemble aus Torburg, Vorburg und Herrenhaus beherbergt heute das Städtische Museum Schloss Rheydt mit der stadtgeschichtlichen Sammlung und einer Sammlung zur Kunst und Lebenswelt der Renaissance. Das Museum dokumentiert unter anderem Bau und Historie des Herrenhauses und zeigt die Geschichte der Textilstadt Mönchengladbach.

Nach einem Rundgang über die Museumsinsel bietet sich das Erkunden der Region per Fahrrad an. Schon am Hauptbahnhof Rheydt befindet sich ein Fahrradverleih. Unmittelbar neben dem Schloss fließt schnurgerade die Niers und wird über viele Kilometer am linken Ufer begleitet vom Niers-Radwanderweg. Eine beliebte Tour führt auf gekennzeichnetem Weg von Schloss Rheydt zum Schloss Myllendonk.

Bahn

- Rheydt Hbf
- RE/RB ca. alle 30 Min. (Fahrzeit ab Köln Hbf 46 Min.)

Auto

- 56 km, 45 Min.

🍽 Brauerei Bolten

Gut einen Kilometer von Schloss Rheydt entfernt liegt die Brauerei Bolten. In der angeblich ältesten Altbierbrauerei der Welt wird nicht nur gebraut, sondern auch ausgeschenkt: Im Picknick-Biergarten können Gäste eigene Speisen verzehren und dazu kühle Getränke genießen.

www.bolten-brauerei.de

Fast mediterran wirkt der Arkadenhof vom Schlosspark aus gesehen

Vom Spielzeug bis zum Kokosnusspokal: die Wunderkammer ist voller Kuriositäten

32 Neuss

Museum Insel Hombroich:
Eine Landschaft voller Kunst

Mitten im Ballungsraum Düsseldorf/ Neuss gibt es ein fast unwirkliches Areal. Das Museum Insel Hombroich vereint Kunsterlebnis mit Naturgenuss – und Kunstgenuss mit Naturerlebnis. Denn als Museumsräumlichkeit dient hier allein die Natur. In dem 25 Hektar großen Landschaftsschutzgebiet Insel Hombroich, durchzogen von Altarmen der Erft, stehen als Museumsexponate zehn begehbare Skulpturen. Das Besondere: Es gibt keine vorgegebenen Rundgänge, keine Beschilderungen und keine Erklärungstafeln. Das Betrachten und Erleben der Kunstwerke im Zusammenspiel mit der weitgehend unberührten Auenlandschaft bleibt allein den Besuchern überlassen.

Doch das Konzept des Museums Insel Hombroich greift noch viel weiter. Auch Architektur, Musik und Literatur haben hier nämlich einen festen Platz. Denn ebenfalls zum Komplex „Museum Insel Hombroich" gehört die „Raketenstation Hombroich", gelegen auf freiem Feld in unmittelbarer Nähe der Auenlandschaft. Auf dem 11 Hektar großen Gelände rund um die ehemalige Nato-Raketenstation befinden sich in verschiedenen Gebäuden unter anderem Arbeitsräume und Ateliers für Kunstschaffende aus Musik und Literatur. Sie folgen der Idee eines „Kunstlabors". Auch ein Archiv, eine Bibliothek, ein Gästehaus sowie ein Café sind Teil des Museums Insel Hombroich.

Zwischen dem Terrain „Museum Insel Hombroich" und der „Raketenstation Hombroich" liegen die Skulpturenhalle Neuss sowie das sogenannte Kirkeby-Feld. Das nach dem dänischen Künstler Per Kirkeby benannte Ausstellungsareal ist zugleich Standort des Feld-Hauses – Museum für Populäre Druckgrafik.

Bahn & Bus
- Haltestelle Neuss Insel Hombroich
- Bus 877 oder 869 ab Neuss Süd (ab Köln Hbf mit S-Bahn und Umsteigen 78 Min.)

Auto
- 42 km, 40 Min.

⭐ **Museum Insel Hombroich**

Jeden ersten Sonntag im Monat (außer im Dezember und Januar) finden im Kulturraum Hombroich öffentliche Führungen statt – durchgeführt von den Kunstschaffenden selbst.

Minkel 2 | 41472 Neuss | www.inselhombroich.de

Vom Zwölf-Räume-Haus des Architekten Erwin Heerich blickt man direkt ins Grüne

33 Oberdollendorf

Chorruine des
Klosters Heisterbach:
Magischer Ort im Wald

Was für ein mystischer Ort! In einem Waldstück in den Höhen bei Königswinter steht ein architektonisches und historisches Juwel, das um ein Haar Abbrucharbeiten zum Opfer gefallen wäre.

Gegründet wurde die Zisterzienser-Abtei Heisterbach bereits 1192, aber erst 1237 wurde die Abteikirche geweiht. Diese hatte mit 88 Metern Länge und 44 Metern Breite für damalige Verhältnisse ungeheure Dimensionen und wurde zu dieser Zeit nur vom Kölner Dom übertroffen. Knapp 600 Jahre lebten hier Zisterzienser im Tal des Heisterbachs, bis das klösterliche Leben schließlich 1803 durch die Säkularisation ein Ende fand. Mehrere Jahre lang versuchte die Bergische Landesregierung einen Käufer für das Anwesen zu finden – doch vergeblich. So erwarb schließlich ein französischer Unternehmer die Klosteranlage. Er ließ sie abreißen und verwendete die Steine für den Bau des Nordkanals zwischen Venlo und Neuss. Erst 1818 unterband der Oberpräsident der Rheinprovinz weitere Abrissarbeiten und Sprengungen.

Heute noch zu sehen ist die Chorruine der einstigen Klosterkirche. Besonders malerisch: Sie ist von der Straße nicht einsehbar, sondern offenbart sich erst, wenn man das Gelände betritt. Zur besseren Veranschaulichung sind die Umrisse der einstigen Klosterkirche mit Steinen in den Boden eingelassen. Mithilfe der kostenlos downloadbaren Heisterbach-App können Gäste das ehemalige Kloster Heisterbach virtuell erkunden.

Alljährlich an Christi Himmelfahrt feiern hier unter freiem Himmel die Kirchengemeinden von Königswinter eine heilige Messe vor der Ruinenkulisse.

Bahn & Bus

- Haltestelle Heisterbach Kloster
- Bus 520 ab Bahnhof Niederdollendorf (ab Köln Hbf mit RE/RB 53 bzw. 58 Min.)

Auto

- 40 km, ca. 42 Min.

Nicht verpassen

- In der Zehntscheune auf dem Klostergelände einem Kammerkonzert aus der Reihe „Klassik in der Scheune" lauschen
- Über den Rheinhöhenweg bis zur Aussichtsplattform Rabenlay Skywalk wandern (4,5 km)

Beinahe wäre die 800 Jahre alte Chorruine einer Sprengung zum Opfer gefallen

34 Remagen

Arp Museum im Bahnhof Rolandseck: Kunst und Rheinromantik

Kaum hat die Regionalbahn in gemächlichem Tempo den Bahnhof Rolandseck erreicht, wird es malerisch. Denn bereits das Bahnhofsgebäude, einer der beiden Bauten des dort beherbergten Arp Museums, ist sehenswert.

Erbaut 1856, zum Höhepunkt der Rheinromantik, symbolisiert es die tragende Bedeutung des Eisenbahnverkehrs: Für die oberen Gesellschaftsschichten war es im 19. Jahrhundert eine Frage des Prestiges, per Eisenbahn ins Grüne zu fahren. Denn anders als Kutschen galten Eisenbahnen als fortschrittlich und schick. Doch auch Ankunft und Abfahrt sollten stilecht vonstatten gehen. So kam es, dass der Bahnhof Rolandseck im klassizistischen Stil auf einer Anhöhe thronend, mit postkartenreifem Blick auf Rhein und Siebengebirge erbaut wurde.

Während der rückwärtige Teil auf Bahnsteigebene liegt und direkt in diesen übergeht, weist der vordere, zum Rhein gewandte Teil des Gebäudes bedingt durch die Hanglage drei Geschosse auf.

Das unterste Geschoss, heute der Eingang zum Museum, fungierte ursprünglich als Wagenremise. Über zwei seitliche Treppen gelangte man einst in die erste Etage, die Wartehalle der 3. und 4. Klassen – heute einer der Ausstellungsräume.

Noch eine Etage höher befanden sich die prunkvollen Wartesäle der 1. und 2. Klassen sowie Räumlichkeiten für Feste. Denn der Bahnhof Rolandseck war zeit seines Bestehens ein äußerst beliebter Treffpunkt für Persönlichkeiten aus Gesellschaft, Politik und Kultur sowie ein Künstler-Eldorado. Gesäumt werden die beiden oberen Etagen je von einer ausladenden Veranda

---

Bahn

- Bahnhof Rolandseck
- RB alle 60 Min. (ab Köln Hbf 48 Min.)

Auto

- 48 km, 50 Min.

🍴 interieur no. 253

Ob bei einem Kaffee, einem Glas Wein oder dem Genuss eines Menüs: Der Blick auf Rhein und Siebengebirge von der Terrasse des Restaurants *interieur no. 253* ist malerisch. Es liegt im obersten Geschoss des Arp Museums.

Hans-Arp-Allee 1 |
www.interieur-no253.de

Die dem Rhein zugewandte Seite des Bahnhofs Rolandseck samt Museums-Eingang

samt kunstvollen Gusseisengelän-
dern. Von hier bietet sich ein bombastischer Rheinblick.

Heute befindet sich in der obersten Etage, im ehemaligen Festsaal
der höheren Gesellschaftsschichten,
das vorzügliche Museumsrestaurant
mit Bar.

Mit dem Ende des Zweiten Weltkriegs kam die Rheinromantik zum
Erliegen, doch der Bahnhof Rolandseck verlor nie seine Bedeutung als
kultureller Anziehungspunkt. Nach
äußerst wechselvollen Jahren und
ständig drohendem Verfall wurde
das Gebäude 1995 umfassend sa-
niert. Im Jahr 2000 schließlich fand

die Eröffnung des Arp Museums
Bahnhof Rolandseck statt.

Die beiden Museumsgebäude
– das Bahnhofsgebäude sowie der
2007 errichtete Neubau – beher-
bergen eine Dauerausstellung des
bedeutenden Avantgarde-Künstler-
paares Hans Arp und Sophie Taeu-
ber-Arp. Zu sehen sind rund 400
Werke, darunter Gemälde, Zeichnungen und Collagen ebenso wie
Reliefs, Skulpturen sowie sonstige
plastische Werke. Spektakulär ist der
Tunnel, der als Verbindung zwischen
beiden Gebäuden dient. Neben der
Dauerausstellung gibt es wechselnde Sonderausstellungen sowie ein

In Laufweite des Museums legt die Auto- und Personenfähre nach Bad Honnef ab

umfangreiches Veranstaltungsprogramm samt Kunst-Workshops. Das Arp Museum zählt zu den meistbesuchten Museen in Rheinland-Pfalz.

Doch ein Besuch in Rolandseck wäre nicht komplett ohne einen Abstecher zum sagenumwobenen, etwa 1,5 Kilometer entfernten Rolandsbogen. Der ehemalige Fensterbogen ist der Überrest der einstigen Burg Rolandseck. Um ihn ranken sich zahlreiche Mythen und Sagen. Heute befindet sich am Rolandsbogen eine Aussichtsplattform sowie ein Ausflugslokal. Der Spaziergang zum Rolandsbogen vom Arp Museum ist ausgeschildert.

 Fähre „Siebengebirge"

Direkt unterhalb des Museums legt die Auto- und Personenfähre *Siebengebirge* ab. Sie bringt Fußgänger, Radfahrer und auch Pkw zur anderen Rheinseite nach Bad Honnef.

 Wald- und Wildpark Rolandseck

Bekannt ist Rolandseck auch für seinen Wildpark mit Rot- und Damwild, Wildschweinen sowie Schafen, Ziegen, Eseln und Ponys. Der Eingang liegt etwa 400 Meter vom Bahnhof entfernt.

Am Kasselbach 4 |
https://wildpark-rolandseck.de

Rhöndorf

Adenauer-Haus:
Der erste Kanzler ganz privat

Das Rhöndorfer Wohnhaus des ersten Kanzlers der Bundesrepublik war zeitlebens mehr als „nur" dessen privater Wohn- und Rückzugsort. Vielmehr galt es als ein gastfreundliches und doch repräsentatives Haus, in dem Adenauer oft auch hohe Staatsgäste empfing und wichtige Gespräche führte. So war unter anderem Charles de Gaulle zwei Mal zu Gast in der Rhöndorfer Villa.

Heute können Besucherinnen und Besucher das Erdgeschoss des ehemaligen Wohnhauses sowie den großzügigen Garten im Rahmen einer Führung besichtigen. Sie erfahren so auch bislang Unbekanntes über den mitunter leicht kauzig wirkenden Altbundeskanzler. Beispielsweise brachte der für Sparsamkeit bekannte Politiker eine Zeitschaltuhr an seiner Nachttischlampe an, da er abends beim Lesen seiner geliebten Krimis oft bei Licht einschlief und sich über die Stromverschwendung ärgerte. Die Inneneinrichtung des Wohnhauses ist nach dem Tod Adenauers 1967 nahezu unverändert geblieben und gibt so einen Einblick in das Wohnambiente der späten 1950er- und frühen 1960er-Jahre.

Umgeben ist das hoch über dem Rhein liegende Anwesen von einem prächtigen Garten, in dem Adenauer seinem Hobby, der Rosenzucht, nachging. Ebenfalls im Garten befindet sich Adenauers Pavillon, den er in seinen letzten Lebensjahren als Arbeitszimmer nutzte. Das unterhalb des Wohnhauses gelegene Ausstellungsgebäude beherbergt die Dauerausstellung „Konrad Adenauer 1876–1967. Rheinländer, Deutscher, Europäer". Die 2017 anlässlich Adenauers 50. Todestag neu konzipierte Ausstellung liefert eine anschauliche Reise in die deutsche Geschichte des 20. Jahrhunderts. Konrad Adenauer ist auf dem Rhöndorfer Waldfriedhof beigesetzt.

Bahn
- Bahnhof Rhöndorf
- RB und RE ca. alle 30 Min. (ab Köln Hbf 54 Min.)

Auto
- 42 km, ca. 35 Min.

Nicht verpassen
- Flussaufwärts am Rhein flanieren bis zur Insel Grafenwerth
- In einem der zahlreichen Rhöndorfer Weinlokale Wein und Leckereien genießen

Einer von Adenauers liebsten Aufenthaltsorten: sein Garten

Adenauers Arbeitszimmer im Gartenpavillon

36 Ründeroth
Über Bergische Höhen zur Aggertalhöhle

Duisburg — Dortmund
Düsseldorf
Köln •
Bonn

Wasser, Hügel, weite Ausblicke – und all das über sensationsträchtigem Höhlengestein. Denn diese Tour verläuft direkt über dem Areal des Höhlenlabyrinths „Windloch", das Forscher hier auf spektakuläre Weise entdeckten. Das Riesenhöhlensystem hat eine Länge von über 8 000 Metern und ist damit die größte Höhle Nordrhein-Westfalens.

Für die Tour lohnt es sich, einen kompletten Tag einzuplanen. Die sehr gut beschilderte Rundwanderung startet am Bahnhof Ründeroth und trägt als Kennzeichnung eine rote Markierung mit der Nr. 14 der „Bergischen Streifzüge". Vom Bahnhof geht es Richtung Agger, über eine Fußgängerbrücke auf die andere Seite und für eine Weile am Ufer entlang. Bald führt der Weg steil hinauf zum hoch oben gelegenen Haldyturm. Nach einigen Windungen ist der Turm erreicht.

Der Weg verläuft weiter teils im Wald, teils auf Bergischen Höhen. Unterwegs informieren Schautafeln unter anderem über die Entdeckung des „Windlochs". Zwar ist dieses riesige Höhlengeflecht nicht für die Öffentlichkeit zugänglich, die Geschichte seiner Erforschung ist jedoch auch für Höhlen-Laien äußerst spannend. Denn bereits seit über 30 Jahren vermuteten Fachleute an dieser Stelle ein größeres Höhlensystem, hatten jedoch keine Anhaltspunkte für einen möglichen Zugang. Schließlich gelang es im März 2019 einem siebenköpfigen Team, einen Einstiegsschacht hinunter zur Höhle zu finden und diese zu betreten. Die Einstiegsstelle ist ein Höhepunkt der Wanderung.

Schließlich erreicht man die im Wald gelegene Aggertalhöhle, die im Rahmen einer Führung besichtigt werden kann. Von dort führt der Weg wieder zurück nach Ründeroth.

Bahn
- Bahnhof Ründeroth
- RB alle 30 Min. (ab Köln Hbf 56 Min.)

Auto
- 43 km, 40 Min.

Nicht verpassen
- Im Mehrgenerationenpark Aggerstrand baden und die Seele baumeln lassen
- Von der Spitze des Haldyturms den wunderbaren Ausblick genießen

Beste Rundumsicht hat man von der Aussichtsplattform des Haldyturms

Blick über Ründeroth bis weit ins Bergische Land

37 Satzvey

Eine Burg wie aus dem Bilderbuch

Düsseldorf
Köln
Bonn
Wiesbaden

Mehrmals im Jahr ereignet sich im Nordeifel-Örtchen Satzvey ein wundersames Spektakel: Gaukler, Spielleute, Händler und andere mittelalterlich Gewandete pilgern in Scharen vom kleinen Bahnhof des Ortes hinauf zur Burg: Es ist Ritterfestspiel-Wochenende und dank der regen heutigen „Burgherren" sind die mehrmals jährlich stattfindenden Festspiele, bei denen sich Ritter hoch zu Ross Schaukämpfe liefern und sich das Gelände in einen Mittelaltermarkt verwandelt, weit über die Region hinaus bekannt.

Auch sonst kehrt regelmäßig durch verschiedenste (historische) Veranstaltungen Leben in die alten Gemäuer ein, etwa bei Weihnachts- und Ostermärkten, Konzerten, Lesungen oder einem Hexentanz.

Wer die magische Stimmung des Ortes lieber in Ruhe aufsaugen möchte, kann das ganze Jahr hindurch an Tagen ohne Festspielbetrieb hierherkommen. Dann begrüßt Burg Satzvey, eine der besterhaltenen Wasserburgen des Rheinlandes, Besucher mit ihren verwunschenen Türmchen, Zinnen, einem imposanten Torhaus, einem weitläufigen Park sowie verschiedenen Läden und Restaurants im Burghof.

Gelegen auf einer Insel in einem Weiher lässt sich die Geschichte der Burg bis ins Jahr 1396 zurückverfolgen. Vermutungen zufolge sind einzelne Teile der Grundmauern gar noch älter. Erbaut vom Vogt Heinrich von Krauthausen gelangte das Anwesen durch Heirat in den Besitz der Familie von Gymnich, einem alten rheinischen Adelsgeschlecht.

Bahn & Bus

- Bahnhof Satzvey
- Bus (Schienenersatzverkehr) ab Euskirchen (ab Köln Hbf mit RB und Umsteigen 77 Min.)

Auto

- 49 km, ca. 40 Min.

Nicht verpassen

- An einer Burgführung teilnehmen (Sa/So/Fei 12–17 Uhr ab 5 Erwachsene)
- Hemmungslos schlemmen bei einer mittelalterlichen Gasterey (deftiges Rittermahl mit Musik und Gaukelei)
- In den nahegelegenen Hochwildpark Rheinland wandern

Kaum durchschreitet man das Eingangstor, präsentiert sich die Burg in voller Pracht

38

Schladern

Burg Windeck: Viel zu sehen im Windecker Ländchen

Dunkelrot, prachtvoll und mit Zinnen und Türmchen empfängt der Bahnhof Schladern seine Besucher und es macht Spaß, von hier aus die Umgebung zu erkunden. Eine lohnenswerte Route führt zur Burgruine Windeck und zurück nach Schladern (ca. 8 Kilometer).

Es geht vom Bahnhof nach links, entlang der Waldbröler Straße, dann wieder links in den Steiner Weg, der parallel zur Bahnlinie verläuft. Dort markiert ein Schild den „Erlebnisweg Sieg Nr. 18, Mäanderweg". Dieser führt nun aus dem Ort hinaus und später bergauf, durch ein Wohngebiet Richtung Waldrand. Dort erreicht man bald die Burgruine.

Deren höchst wechselvolle Geschichte reicht bis ins 12. Jahrhundert zurück. 1174 wird die Burg erstmals urkundlich erwähnt. Über 600 Jahre lang war sie daraufhin Spielball rivalisierender Herrschergeschlechter. Darunter litt auch die Bausubstanz, denn mit zunehmender Verwahrlosung nutzte die Bevölkerung die Burg immer mehr als Steinbruch. Erst 1815, mit dem Übergang in preußischen Besitz, untersagte ein Abbruchverbot das Entwenden von Steinen. Heute fällt vor allem die markante ehemalige Palas-Wand ins Auge. In jüngster Zeit war die Ruine häufig Kulisse für Theater- und Kulturevents.

Der „Mäanderweg" führt von hier aus wieder nach unten – und zwar durch das Museumsdorf Alt-Windeck mit seinen Fachwerkhäusern aus dem 17. Jahrhundert, einem Museumsgarten und der stattlichen Wassermühle. Im Anschluss setzt sich der Weg in den Siegauen fort und endet in Schladern am Siegfall, dem größten Wasserfall Nordrhein-Westfalens.

Bahn
- Bahnhof Schladern
- RE alle 60 Min. (ab Köln Hbf 46 Min.)

Auto
- 80 km, ca. 70 Min.

Elmores

Das *Elmores*, Biergarten und Kulturzentrum unmittelbar neben dem Siegwasserfall, ist ein bunter, lebendiger Ort mit Industriecharme. In dem Treffpunkt für Kreative gibt es regelmäßig Kleinkunst-Events, Flohmärkte, Ausstellungen uvm.

www.elmores.de

Hier geht es hinauf zur Burgruine

Die Burgruine Windeck war schon häufig Kulisse für Theater- und Kulturevents

39

Solingen

Der Müngstener Brücke zu Füßen liegen

Majestätisch spannt sich die Müngstener Brücke über das steile Tal der Wupper. Es wirkt fast so, als könne man jeden Moment mit der Ankunft des dampfenden Hogwarts-Express aus einem Harry-Potter-Roman rechnen. Nach einem vergleichbaren Bauwerk sucht man hierzulande vergeblich, denn mit 107 Metern Höhe ist die Müngstener Brücke die höchste Eisenbahnbrücke Deutschlands.

Fertiggestellt wurde das Stahlbauwerk 1897 mit der Absicht, eine direkte Bahnverbindung zwischen Solingen und Remscheid aufzubauen. Denn die Industrialisierung war zu dieser Zeit in beiden Städten in vollem Gange und der Waren- und Personenverkehr nahm stetig zu. Das Vorhaben erwies sich als technisch herausfordernd, aber sinnvoll: Durch den Bau der Brücke verkürzte sich die zurückzulegende Strecke von 44 auf 8 Kilometer.

Ein schöner Weg, sich dem Brückenpanorama langsam zu nähern, ist der etwa 1,5 Kilometer lange Spaziergang vom S-Bahnhof Solingen-Schaberg hinunter zum Brückenpark. Stück für Stück erweitert sich dabei die Aussicht, bis die Besucherinnen und Besucher, im Tal angekommen, das Bauwerk in voller Pracht bestaunen können.

Zu Füßen der Brücke wartet der lauschige Brückenpark mit allerlei Attraktionen. Neben dem Restaurant *Haus Müngsten* und einem Minigolfplatz gibt es hier ausgedehnte, gestaltete Grünflächen, die sich bis zum Wupperufer erstrecken. Zudem verlaufen entlang des Brückenparks zahlreiche reizvolle Wander- und Spazierwege. Zum Beispiel gelangt man, der Wupper folgend, zum knapp 5 Kilometer entfernten Stadtteil Unterburg. Dort verkehrt die Seilbahn hinauf zum Schloss Burg.

Bahn

- S-Bahnhof Solingen-Schaberg
- S-Bahn alle 20 Min. ab Solingen Hbf (ab Köln Hbf mit RB und Umsteigen 44 Min.)

Auto

- 43 km, 45 Min.

⭐ Klettersteig auf 100 Meter Höhe

Seit August 2021 ist es möglich, im Rahmen einer geführten Tour die Müngstener Brücke zu Fuß zu erklimmen. Gesichert mit Seil und Helm geht es einmal zur höchsten Stelle des Brückenbogens und wieder hinab.
www.brueckensteig.de

Auf der Brücke verkehrt die S 7 und verbindet die Städte Solingen und Remscheid

40 Solingen

Schloss Burg:
Das Bergische Wahrzeichen

Während sich im Tal die Wupper durch den Solinger Stadtteil Burg schlängelt, thront Schloss Burg majestätisch oberhalb auf einem Felsvorsprung.

Ein stilvoller Weg, die Burg zu „erobern", ist das Hinaufschweben mit der Seilbahn. Dies erlaubt auch, den Blick etwas über die waldreiche Umgebung schweifen zu lassen – das ehemalige Territorium der Grafen von Berg. Etwa 1150 begannen diese mit dem Bau der Burg als Stammsitz. Rundherum entstand im Laufe der Jahrhunderte eine Siedlung. Die Macht- und Besitzverhältnisse waren jedoch unstet, sodass ab 1380 Schloss Burg hauptsächlich als Jagdanwesen genutzt wurde.

Die Herren von Berg ließen das Bauwerk immer wieder umgestalten, um ihm einen schlossähnlichen Charakter zu verleihen. So bürgerte sich im Laufe der Zeit die Bezeichnung „Schloss" ein, während die umgebende Siedlung weiterhin den Namen „Burg" trug – und heute noch trägt. Im Dreißigjährigen Krieg wurde Schloss Burg schwer beschädigt und blieb bis ins frühe 19. Jahrhundert eine Ruine, bevor es um 1897 aufwendig rekonstruiert wurde.

Schloss Burg gehört heute zu den größten Burgen Westdeutschlands und vermittelt dank der umfassenden Rekonstruktion ein echtes Burgherren- oder -damen-Gefühl. Denn fast alle Räume dürfen besichtigt, Wehrgänge abgeschritten und geheime Ecken erkundet werden. Weit über die Region hinaus bekannt sind die historischen Märkte und Ritterspiele.

Bahn & Bus

- Haltestelle Solingen-Burg Brücke
- Bus 683 ab Solingen-Mitte, bis dahin S7 ab Solingen Hbf (ab Köln Hbf mit ICE und Umsteigen 78 Min.)

Auto

- 40 km, 40 Min.

 Bergische Zwiebackmanufaktur

Die Bergische Zwiebackmanufaktur gegenüber dem Hauptportal von Schloss Burg hält eine schier unglaubliche Auswahl an Bergischem Zwieback bereit. Unbedingt kosten oder auf Vorrat für zu Hause kaufen. Besonders empfehlenswert: Zimt-Zucker-Zwieback.

Wermelskirchener Straße 2 |
www.zwieback24.de

Der wuchtige Bergfried überragt alle Dächer von Schloss Burg

Stadt Blankenberg

Flanieren auf dem Felssporn

Duisburg Dortmund
Düsseldorf
Köln
Bonn

Majestätisch und sympathisch-trotzig kommt sie daher: die Stadt Blankenberg im Siegtal, die sich nach turbulenter Geschichte und wechselnder Zugehörigkeit den Zusatz „Stadt" im Namen erhalten durfte. Rein administrativ gehört sie heute zur Stadt Hennef. Auf einem steilen Felssporn thronend, hoch über der Sieg, erhebt sich der 620-Seelen-Ort, in den vor allem am Wochenende Scharen von Ausflüglern, Wanderern und Motorradfahrern pilgern. Das ist gut nachvollziehbar, denn der Ort und die spektakulären Aussichten sind wirklich sehenswert.

Markantestes Merkmal der Stadt ist sicherlich die Burgruine Blankenberg. Errichtet wurde sie von 1150 bis 1180 von den damaligen Grafen von Sayn. Eine strategische Entscheidung, denn dank der exponierten Lage war es möglich, von der Burg aus das Siegtal sowohl in Richtung Westerwald als auch bis hinein ins Bergische Land und ins Siebengebirge zu überblicken. Im Laufe der Jahrhunderte und in den Wirren von Machtkämpfen und Kriegen verlor die Stadt Blankenberg ihre Stadtrechte und wurde vor allem im Dreißigjährigen Krieg zu weiten Teilen zerstört. Dies änderte sich mit dem Bau der Eisenbahnlinie durchs Siegtal, durch die Stadt Blankenberg wieder an Einwohnern und Besuchern gewann. Heute steht ein Großteil der historischen Bauten, darunter zahlreiche Fachwerkhäuser, zwei Stadttore, die Kirche St. Katharina sowie die Burganlage unter Denkmalschutz.

Stadt Blankenberg ist eingebunden in das Wanderwegenetz der Naturregion Sieg. Hervorzuheben sind hier vor allem der „Burgweg" (6,5 Kilometer) und der „Dreitälerweg" (17 Kilometer), die beide Stadt Blankenberg passieren.

Bahn

- Bahnhof Blankenberg (Sieg)
- S-Bahn zweimal stündlich (ab Köln Hbf 42 Min.)

Auto

- 45 km, 40 Min.

Nicht verpassen

- Wandern auf dem Natursteig Sieg, zum Beispiel die 12 Kilometer lange Etappe 3 von Stadt Blankenberg nach Merten
- Eis essen auf der Terrasse der Blankenberger Eismanufaktur *Zum Alten Turm*

Der Bastionsturm der Burgruine Blankenberg ist umgeben von viel Grün

Blick ins Siegtal und auf die Eisenbahnlinie

42 Waldbröl

Panarbora: Auf Augenhöhe mit den Baumkronen

Schon von Weitem ist der massive, hölzerne Turm zu sehen, der sich über den Baumwipfeln erhebt. Und je weiter sich die Straße von Waldbröl aus auf die Höhen des Waldgebietes Nutscheid schraubt, desto deutlicher werden die Dimensionen: 40 Meter hoch ist der Aussichtsturm im Naturerlebnispark Panarbora und gleichzeitig Anfangs- und Endpunkt des Baumwipfelpfads. Dabei ist der Turm absolut barrierefrei. Eine Rampe windet sich auf ganzer Länge stufenlos nach oben.

Etwas unterhalb der Aussichtsplattform beginnt der Baumwipfelpfad. Hier können Besucher – ebenfalls barrierefrei – den Wald von oben betrachten, in Baumkronen eintauchen und so alles aus einer völlig neuen Perspektive erleben. Infotafeln erläutern auf der gesamten Strecke das Gesehene.

Aber zu Panarbora gehört noch mehr: Kinder können sich auf dem riesigen Abenteuerspielplatz und in einem Spieltunnel austoben. Gleichermaßen für Erwachsene ein Erlebnis ist der Heckenirrgarten, der Kräutergarten sowie der Sinnesrundweg. Wer tiefer in die Naturerlebnisse eintauchen möchte, kann an einer Führung teilnehmen. Zudem gibt es im Panarbora das ganze Jahr hindurch erlebnispädagogische Veranstaltungen, Feste und Märkte.

Wem das fast ein bisschen zu viel Programm für nur einen Tag ist, dem sei eine verlockende Möglichkeit ans Herz gelegt: eine Übernachtung in der Jugendherberge Panarbora. Und zwar entweder im Afrika-, im Südamerika- oder im Asien-Dorf, im Gäste- und Familienhaus – oder: in einem Baumhaus!

Bahn & Bus

- Haltestelle Panarbora, Waldbröl
- Bus 342 ab Bahnhof Schladern (ab Köln Hbf mit RE und Umsteigen 69 Min.)

Auto

- 67 km, ca. 68 Min.

🍴 Kräutercafé

Etwa eine Stunde zu Fuß entfernt vom Panarbora ist das weithin bekannte, urgemütliche *Kräutercafé*. Hier gibt es typische Bergische Küche sowie Kaffee und Kuchen: alles hausgemacht, superfrisch und – wie der Name sagt: mit feinsten Kräutern hergestellt. Empfehlenswert!

www.kraeutercafe.com

Der Endpunkt des Baumwipfelpfads liegt auf einer Höhe mit den Baumkronen

Komplett barrierefrei zugänglich: der Panarbora-Aussichtsturm

43 Wülfrath

Tunnelblick in die Erdgeschichte

Wäre da nicht ein großes Gittertor, würde man die halbkreisförmige Öffnung im Fels wohl für ein Überbleibsel eines stillgelegten Eisenbahntunnels halten. Doch im Inneren der Öffnung leuchtet es bunt und bei genauem Hinsehen ragt etwas weiter im Inneren gar ein Dinosaurierkopf in die Höhe. Die Lösung des Rätsels: Hinter dem Tunneleingang beginnt eine Zeitreise durch die Erdgeschichte. 160 Meter lang ist der ehemalige Abbautunnel des dahinterliegenden Steinbruchs Bochumer Bruch. Bis 1958 wurde hier Kalk abgebaut. Seither erobert sich die Natur das Terrain wieder zurück.

Den Zeittunnel betritt man von der dem Steinbruch abgewandten Seite – und taucht dort als erstes ab ins Devon, das Zeitalter großflächiger Kalk-Ablagerungen aus urzeitlichen Meeren. Es folgt das Zeitalter des Karbon und im Anschluss daran chronologisch alle weiteren bedeutenden geologischen Epochen bis zur Gegenwart. Die Ausstellung wird bereichert durch Video-Displays, „Gucklöcher" und andere Veranschaulichungen, die es auch Kindern leicht machen, ein Gefühl für die gewaltigen geologischen Prozesse zu bekommen.

Am Ende des Tunnels landen Besucher an der Abbruchkante des ehemaligen Steinbruchs. Ein Aussichtsbalkon, 50 Meter über dessen tiefster Stelle, ermöglicht einen Blick in das riesige ehemalige Abbruchgebiet. In einem separaten Gebäude, in dem auch die Eintrittskarten verkauft werden, befinden sich ein kleines Café und ein Museumsshop.

Bahn & Bus

- Haltestelle Ellenbeek/Zeittunnel
- Bus SB 69 ab Wuppertal Hbf (ab Köln Hbf mit ICE und Umsteigen 71 Min.)

Auto

- 60 km, 50 Min.

Panorama-Radweg

Unmittelbar am Zeittunnel entlang verläuft der Panorama-Radweg. Auf der ehemaligen Bahntrasse lässt sich trotz der hügeligen Umgebung bequem radeln. Der knapp 40 Kilometer lange, durchgehend asphaltierte und beschilderte Weg startet in Essen-Kettwig und führt über Heiligenhaus, Wülfrath und Velbert bis nach Haan.

Licht am Ende des Tunnels: Von hier aus blickt man direkt in den Steinbruch

Der Tunnel ist gegliedert nach den aufeinanderfolgenden Erdzeitaltern

Das Devon
Da stehen wir drauf

Massenkalke entstehen als Ablagerungen eines urzeitlichen Meeres

Diese Kalksteinschichten sind voller Fossilien fremdartiger Lebewesen

Seelilien, Panzerfische und Armfüßer

Das Devon ist das Zeitalter der Fische

In dieser Zeit erobern aber auch erste Pflanzen und Tiere das Festland

44 Wuppertal
Kunst genießen im Skulpturenpark Waldfrieden

Duisburg · Dortmund
· Düsseldorf
Köln
· Bonn

Eine schmale Straße taucht in den Wald ein, windet sich in Serpentinen den Berg hinauf und stimmt so langsam ein auf diesen besonderen Ort. Am Ende der Straße liegt die architektonisch sehenswerte Villa Waldfrieden. Das ursprünglich 1894 hier erbaute Anwesen des Wuppertaler Fabrikanten Kurt Herberts fiel im Zweiten Weltkrieg Luftangriffen zum Opfer und wurde bis auf das Souterrain-Geschoss zerstört.

Von 1947 bis 1950 baute der Architekt Franz Krause im Auftrag Herberts die Villa wieder auf und setzte dabei seine eigenen architektonischen Visionen um: organische, geschwungene Formen, keine Symmetrie, keine Rechtwinkligkeit. Im Laufe der Jahrzehnte verfiel die Villa jedoch, bis 2006 der in Wuppertal lebende Bildhauer Tony Cragg das 15 Hektar große Parkanwesen samt Villa erwarb und umfassend sanierte.

Heute beheimatet das Parkgelände rund 50 Skulpturen namhafter zeitgenössischer Künstlerinnen und Künstler, darunter zu einem großen Teil Werke Tony Craggs. Leitgedanke dabei ist, die Kunsterfahrung in eine Naturerfahrung einzubetten. In der Villa befinden sich Archiv und Büro-Räumlichkeiten der Cragg Foundation. Sie ist nicht öffentlich zugänglich.

Rund ums Jahr finden im Skulpturenpark zahlreiche Veranstaltungen statt. Zum einen werden unterschiedliche Führungen durch die Skulpturenausstellung angeboten, zum anderen bereichern regelmäßige Konzerte, Filmvorführungen sowie Vorträge das kulturelle Programm. In drei separaten Pavillons werden zudem wechselnde Sonderausstellungen präsentiert. Hervorzuheben ist auch das umfangreiche Museumsprogramm für Kinder.

Bahn
- Haltestelle Landgericht
- Schwebebahn ab Wuppertal Hbf (ab Köln Hbf mit RE/RB und Umsteigen 57 Min.) und ca. 20 Min. Fußweg

Auto
- 56 km, 58 Min.

Nicht verpassen
- Bei einer Führung durch den Skulpturenpark Hintergründe zu den Kunstwerken erfahren
- Bei stimmungsvoller Aussicht einen Kaffee genießen im *Café Podest* auf dem Gelände des Skulpturenparks

Keine Ecken und Kanten, alles geschwungen: die Villa Waldfrieden

Je nach Jahreszeit, Licht und Witterung wechselt die Wirkung der Skulpturen

45 Wuppertal

In den Zoo schweben

Duisburg   Dortmund

Düsseldorf
Köln

Bonn

„Der Grüne Zoo" nennt sich der zoologische Garten Wuppertal – und je weiter man in das Zoogelände eindringt, desto klarer wird, warum dieser Name so treffend ist. Die Gehege und Tierhäuser liegen eingebettet in ein teils bewaldetes Gelände, das sich steil hinauf in die Wuppertaler Hänge zieht.

Vor allem Raubkatzen haben hier eine Ausslauffläche, deren Größe in deutschen Zoos ihresgleichen sucht. So gilt das Löwengehege als das größte Freilaufgehege, das jemals in einem deutschen Zoo eingerichtet wurde. Für die Tiere bedeutet dies: Es gibt ausreichend Platz für Bewegung und genügend Möglichkeiten, sich zurückzuziehen. Einen Eindruck von den Ausmaßen bekommen Besucher idealerweise auf dem Aussichtsturm nahe des Löwengeheges oder von einem in die Anlage integrierten

und über einen Tunnel erreichbaren Spähfelsen. Doch es gibt noch mehr zu bestaunen, beispielsweise das über 4 000 Quadratmeter große Elefantengehege, in dem sich seit einigen Jahren regelmäßig Elefanten-Nachwuchs einstellt, das Menschenaffenhaus, das Südamerikahaus, die große Freiflugvoliere ARALANDIA und die Anlage für Königs- und Eselspinguine mit begehbarem Unterwassertunnel.

Im oberen Teil des Zoos überquert die sogenannte Samba-Trasse, eine stillgelegte Bahntrasse, die zu einem Wander- und Erlebnisweg ausgebaut wurde, einen Teil der Gehege. So ist es möglich, manche Tiere aus ungewohnter Perspektive zu betrachten. Der nächstliegende Zugang zur Samba-Trasse liegt wenige hundert Meter vom Zoo-Haupteingang entfernt, in der Hindenburgstraße. Es lohnt sich, auch dieses

---

Bahn

- Haltestelle Zoo/Stadion
- Schwebebahn ab Wuppertal Hbf (ab Köln Hbf mit RE und Umsteigen ca. 55 Min.)

Auto

- 50 km, 48 Min.

 Der Grüne Zoo Wuppertal

Hubertusallee 30 |
42117 Wuppertal |
www.zoo-wuppertal.de

Ein himmelblauer Schwebebahn-Waggon durchfährt Wuppertal-Vohwinkel

Bei den Elefanten stellt sich regelmäßig Nachwuchs ein

Areal rund um den Zoo zu erkunden, denn es ist ein altes Villenviertel und eine inzwischen in Wuppertal sehr begehrte Wohngegend.

Wie es sich für Wuppertal gehört, empfiehlt sich für die stilechte Anreise die Schwebebahn. Die Haltestelle Zoo/Stadion liegt nur wenige hundert Meter vom Zoo-Haupteingang entfernt. 13 Kilometer lang ist die Strecke der Schwebebahn insgesamt und verläuft direkt über dem Flusslauf der Wupper. Rund 30 Minuten dauert die Fahrt von Vohwinkel bis Barmen, den beiden Endhaltestellen. Insgesamt macht die Bahn an 20 Stationen Halt.

Dass sich ausgerechnet in Wuppertal ein so ungewöhnliches wie effektives Transportmittel etabliert hat, hat mit der Industriegeschichte zu tun. Ende des 19. Jahrhunderts war die Region rund um das heutige Wuppertal Zentrum der Industrialisierung in Deutschland. Barmen und Elberfeld – vor der Gründung der Stadt Wuppertal 1929 noch zwei eigenständige, aber aneinander angrenzende Städte – hatten zusammen über 300 000 Einwohner und übertrafen damit sowohl Köln als auch Düsseldorf.

Doch der Raum war mehr als knapp und sowohl der Personen-

Hyazinth-Aras in der Freiflugvoliere ARALANDIA

als auch der Lastenverkehr mussten sich durch das enge Tal der Wupper wälzen. So begann der Ingenieur Eugen Langen mit der Entwicklung einer Hängebahnkonstruktion, die er zuvor schon in Köln-Deutz getestet hatte. 1896 dann fiel der offizielle Startschuss für den Bau und schon 1901 fand die Einweihung der Schwebebahn statt. Zu diesem Ereignis gab sich sogar Kaiser Wilhelm II. samt Gemahlin die Ehre. Der rot-goldene Kaiserwagen, eigens angefertigt für die kaiserliche Probefahrt, ist noch heute auf historischen Fahrten im Einsatz.

 Erlebnisweg Samba-Trasse

Knapp 11 Kilometer lang ist die Samba-Trasse – einst Strecke der Burgholzbahn. Wegen der zahlreichen Kurven und dem dadurch bedingten Schaukeln der Waggons erhielt sie im Volksmund den Namen „der Samba". Noch bis 1988 verkehrte hier die Bahn und verband die heutigen Wuppertaler Stadtteile Elberfeld und das auf den Höhen gelegene Cronenberg. 2006 wurde der Rad- und Erlebnisweg Samba-Trasse eröffnet. Der Weg führt zu einem großen Teil durch Wald und grüne Abschnitte und überquert auch einen Teil der Gehege im Wuppertaler Zoo. Die Trasse ist äußerst beliebt bei Radfahrern, Fußgängern, Nordic Walkern und Wanderern.

Auf zu neuen Orten

Ganztags-Ausflüge an Rhein, Ru(h)r und in die Eifel

Majestätisch und lautlos fließt der Rhein zwischen steil aufragenden Felsen hindurch. An den Ufern reihen sich kleine Ortschaften aneinander wie auf einer Perlenkette. Oberhalb davon thronen an den Hängen Burgruinen als Relikte vergangener Blütezeiten. Schon von der Uferebene aus ist das Mittelrhein-Panorama bei Boppard faszinierend. Noch prächtiger aber ist seine Wirkung von den Höhenzügen aus, wenn sich Etappe für Etappe der Blick weitet.

Die 10,4 Kilometer lange „Traumschleife Fünfseenblick" beginnt am Parkplatz des Bad Salziger Kurparks. Dieser liegt im Zentrum des Orts und ist vom Bahnhof aus ausgeschildert. Der Weg folgt nun der Beschilderung „Traumschleifen RheinBurgenWeg Fünfseenblick". Nach kurzer Runde durchs Kurviertel und durch ein Wohngebiet verlässt er den Ort und windet sich allmählich nach oben. Der Aussichtspunkt „Erstes Köppchen" bietet einen erstklassigen Ausblick zu den „feindlichen Brüdern" auf der anderen Rheinseite. Eine Tafel erläutert die Geschichte von Burg Sterrenberg und Burg Liebenstein. Es geht konstant weiter bergauf über „Zweites Köppchen" und „Taunusblick" zum „Wingertblick". Je höher hinauf man kommt, desto eindrucksvoller wird der Blick auf den Rhein.

Schließlich erreicht man die „Betende Nonne", einen der Höhepunkte der Tour. Die hölzerne Figur der Nonne steht auf einem Felsvorsprung, eine Tafel erklärt ihre Bedeutung. Es lohnt sich, hier einen Moment auf den Picknickbänken zu verweilen, denn die Aussicht ist einzigartig.

Nun wendet sich der Weg erst einmal ab vom Rhein und taucht

Bahn
- Bahnhof Boppard-Bad Salzig
- RB ab Koblenz Hbf (ab Köln-Deutz mit IC und Umsteigen 96 Min.)

Auto
- 115 km, 99 Min.

Nicht verpassen
- Vom Anleger Bad Salzig mit der Fähre übersetzen nach Kamp-Bornhofen und hinaufwandern zu den „feindlichen Brüdern"
- Unterwegs an der Aussichtsstelle „Betende Nonne" Rast machen und in der dortigen Schutzhütte picknicken

Am Aussichtspunkt „Betende Nonne"

nach einer kurzen Bergab-Passage in einen schattigen, sattgrünen Auenwald ein, durch den sich ein Bach weiter ins Tal schlängelt. Bald geht es wieder hinauf und der Weg erreicht eine Hochebene sowie die beiden Aussichtspunkte Vogelbergruh und Rheingoldblick. Hier bieten sich wieder ganz neue Ausblicke auf das Rheintal – diesmal mit einiger Entfernung zum Fluss, dafür aber mit einem weiten Blick über die höher gelegenen Flächen beiderseits des Flusslaufs. Gleichzeitig ist mit dem knapp 500 Meter hoch gelegenen Rheingoldblick auch der höchste Punkt der Tour erreicht.

Nun geht es auf direktem Wege zum Aussichtsturm Fünfseenblick. Der hölzerne Turm ragt mit seinen 27 Metern über die Baumwipfel hinaus und kann über eine Treppe bestiegen werden. Doch Vorsicht: Oben kann es zugig werden. Anschließend beginnt der Abstieg hinunter in den Ort. Vom Hochleiblick, einem Parkplatz an der belebten Rheingoldstraße, unbedingt noch einmal die Aussicht genießen, bevor es dann durch ein Waldgebiet recht zügig und durchaus steil wieder ganz nach unten geht. Die Tour endet dort, wo sie begann: im Kurpark des Ortes.

Höhepunkt der Tour: der Aussichtsturm Fünfseenblick

Traumschleife Fünfseenblick

Den Namen *Traumschleife Fünfseenblick* trägt die Wanderung aufgrund des besonderen Rheinpanoramas, das sich von den Mittelrhein-Hochebenen auf den Fluss ergibt: Durch die starken Kurven und Windungen des Rheins entsteht der Eindruck, es handele sich nicht um ein durchgehendes Fließgewässer, sondern um mehrere, jeweils in sich geschlossene Seen. Der Begriff *Traumschleife* kennzeichnet auch regionsübergreifend besonders empfehlenswerte Premium-Wanderwege.

 Feindliche Brüder

Den Namen *Feindliche Brüder* tragen die beiden in Kamp-Bornhofen gelegenen, benachbarten Burgen Sterrenberg und Liebenstein. Einer Sage aus dem 16. Jahrhundert zufolge kam es zwischen den Brüdern Heinrich und Konrad aus dem Geschlecht der Beyer von Boppard zu einem erbitterten Streit um die Gunst einer Frau. Als Konsequenz errichteten die Brüder eine Mauer zwischen ihren Wohnsitzen, den beiden benachbarten Burgen.

Bottrop

Tetraeder Bottrop: Auf dem „Dach" des Ruhrgebiets

Auch wenn es ganz oben ziemlich wackelig wird: Für diese Aussicht lohnen sich die zittrigen Knie! Als Wahrzeichen der Stadt Bottrop bietet der Tetraeder eine der besten Rundumsichten übers gesamte Ruhrgebiet. Der Zugang zu dem 1995 erbauten Stahlgebilde erfolgt von der Beckstraße aus, wo sich ein Spazierweg in Serpentinen nach oben zur Tetraeder-Halde windet.

Alternativ gibt es für den schnellen, aber ungleich anstrengenderen Aufstieg die sogenannte Direttissima-Treppe am südöstlichen Ende der Halde. Ihre knapp 400 Stufen führen unmittelbar zum Haldengipfel. Oben angekommen werden die Ausmaße erst sichtbar: 60 Meter hoch ist der pyramidenförmige Koloss, bestehend aus 210 Tonnen Stahl. Im oberen Drittel befinden sich drei eingehängte Aus-

sichtsplattformen, deren gelegentliches Schwanken den Puls durchaus in die Höhe treiben kann. Doch natürlich ist hier alles gut und sicher „verzurrt" und das Bewältigen der rund 400 Stufen lohnt sich.

Über 250 Halden gibt es im Ruhrgebiet. Entstanden sind diese künstlichen Berge in der ansonsten eher flachen Gegend durch Aufhäufen von Schlacke und Abraum, also Abfallprodukten des Bergbaus. Auf zahlreichen Haldengipfeln sind heute Kunstwerke oder Kunstinstallationen zu bestaunen. Einen ganz besonderen Reiz hat ein Besuch auf dem Tetraeder bei Sonnenauf- oder -untergang oder auch bei Dunkelheit. Einige Stahlstreben werden nachts farbig angestrahlt und auch die Treppenstufen sind beleuchtet. Der Eintritt zum Tetraeder ist frei, der Zugang jederzeit geöffnet.

Bahn & Bus

- Haltestelle Bottrop Tetraeder
- Bus 266 ab Bottrop ZOB (ab Köln Hbf mit IC/ICE mit Umsteigen in Oberhausen Hbf und Bus SB 91 ca. 90 Min.)

Auto

- 94 km, 85 Min.

⭐ **Halde Prosperstraße**

Direkt neben der Tetraeder-Halde liegt die Halde Prosperstraße. Dort befindet sich das riesige Alpincenter mit über 600 Meter langer Skihalle. Auf dem Gipfel der Halde lädt der höchste Biergarten des Ruhrgebiets zu einem Getränk ein. Am Fuße der Halde befindet sich eine Indoor Skydiving-Halle.

Ein mulmiges Gefühl, wenn die Treppen leicht mitschwingen ...

48 Brohl

Unterwegs mit dem Vulkan-Expreß

Düsseldorf
Köln
Bonn
Wiesbaden

Es gibt keinen schöneren Weg vom Rhein direkt in die Höhenzüge der Eifel. Und zwar gemächlich, mit 20 Stundenkilometern. Bereits seit 1901 schraubt sich vom Rhein-Örtchen Brohl aus eine Schmalspurbahn kurvenreich das Brohltal hinauf. Diente die Bahn früher hauptsächlich dem Gütertransport, wird sie heute ausschließlich für den touristischen Personenverkehr genutzt.

Knapp 1,5 Stunden braucht der Vulkan-Expreß von Brohl bis hinauf zum Endbahnhof Engeln auf rund 400 Meter Höhe. Dabei passiert er unter anderem einen Viadukt und einen 100 Meter langen Tunnel sowie mehrere Steilpassagen. Insgesamt acht Haltestellen liegen auf der Strecke des Vulkan-Expreß und von jeder Station lassen sich unterschiedliche Touren unternehmen.

In Burgbrohl, der dritten Haltestation, beginnt unter anderem der Vulkan- und Panoramaweg (15 Kilometer). Der Startpunkt liegt nur wenige hundert Meter entfernt vom Burgbrohler Bahnhof am Kurpark (Beschilderung Brohltalaue Ost folgen). Dort ist auch ein kohlensäurehaltiger Geysir zu bewundern.

Die Wanderung startet mit nur leichten Auf- und Abstiegen. Im ersten Drittel jedoch wartet der Teufelsknochen, ein sehr steiler Aufstieg, der in den Wintermonaten mitunter gesperrt sein kann. Die Aussichten sind durchweg spektakulär. Im Verlauf der Wanderung zeugen immer wieder Felsformationen und Höhlen von der vulkanischen Prägung der Region. Die Wanderung endet wieder am Kurpark – und damit in unmittelbarer Nähe zum Bahnhof.

Bahn

- Bahnhof Brohl-Lützing
- RB alle 60 Min. (ab Köln Hbf 70 Min.)

Auto

- 69 km, 64 Min.

Vulkan-Expreß

Der Vulkan-Expreß startet am Bahnhof Brohl B.E., direkt gegenüber dem DB-Bahnhof. An sogenannten Dampf-Tagen wird der Zug von einer alten Dampflok gezogen.

www.vulkan-express.de

Auskünfte zur Begehbarkeit des Wanderweges gibt es unter:

www.vulkan-panoramaweg.de

Der Vulkan-Expreß bei der Überquerung des Tönissteiner Talviadukts

Macht Bahn-Nostalgiker richtig glücklich: Dampflok 11 sm beim Stopp in Burgbrohl

Duisburg

Innenhafen: Neues Leben in alten Speichern

Duisburg ist bekannt für Bergbau und Stahlindustrie. Weniger bekannt ist jedoch, dass die Stadt im westlichen Ruhrgebiet den größten Binnenhafen der Welt hat und – so zumindest behaupten es die Hafenangestellten – über mehr Brücken verfügt als Venedig. Insgesamt 21 Hafenbecken zweigen vom Hauptlauf des Rheins sowie von der Ruhr ab, die hier in den Rhein mündet.

Der riesige Industriehafen war Dreh- und Angelpunkt des Hafenbetriebs in Duisburg. In dem etwas abseits gelegenen Innenhafen befanden sich Getreidemühlen, die in den 1960er-Jahren Stück für Stück ihren Betrieb einstellten. Der Hafen verlor an Bedeutung und lag rund 20 Jahre brach, bis der Trend zur Umnutzung industrieller Flächen ihm frisches Leben einhauchte: Der Innenhafen wurde von seinen Industriebrachen befreit und neu gestaltet als Wohn-,

Gewerbe-, Kultur und Freizeitareal. Heute zeugt nur noch ein kleiner Jachthafen von der einstigen Nutzung.

Idealer Ausgangspunkt für eine Erkundungstour zu Fuß ist die Schiffsanlegestelle Schwanentor mit Blick auf den fensterlosen Backsteinturm des Landesarchiv NRW. Der Weg an der Uferpromenade führt vorbei am Kultur- und Stadthistorischen Museum, am skurrilen Ludwigsturm, am Garten der Erinnerung, am Kindermuseum hin zum renommierten Museum Küppersmühle für Moderne Kunst. Wer sich für die heutige Bedeutung Duisburgs als Hafenstadt interessiert, kann eine Hafenrundfahrt mit einem der Schiffe aus der Duisburger Weissen Flotte unternehmen. Rund zwei Stunden dauert die Rundtour, die die Fahrgäste auch direkt in einige der Hafenbecken bringt.

Bahn

- Haltestelle Rathaus Duisburg
- Straßenbahn 901 ab Duisburg Hbf (ab Köln Hbf mit IC und Umsteigen 46 Min.)

Auto

- 74 km, 70 Min.

Nicht verpassen

- Das Treiben im Jachthafen von einer Café-Terrasse aus beobachten
- Rundgang durch den „Garten der Erinnerung", in dem Überreste und Fundamente der abgerissenen einstigen Industriebauten zu Kunstwerken umgebaut wurden

Der Duisburger Innenhafen erstreckt sich auf einer Fläche von rund 89 Hektar

Heute Freizeitareal, früher Schwerindustrie: Garten der Erinnerung

50 Essen-Werden

An den Ufern des Baldeneysees

Segelboote kreuzen auf dem Wasser, Stand-up-Paddler trainieren die Balance auf dem Brett, an der Regattastrecke herrscht geschäftiges Treiben und vom Ufer aus ziehen sich grüne Hänge bergauf, bis sie in Wald übergehen. Die Möglichkeiten für Unternehmungen am Essener Baldeneysee sind riesig – und zwar nicht nur für Sportbegeisterte, sondern auch für technisch und geschichtlich Interessierte.

Nur einen Steinwurf entfernt von der S-Bahnhaltestelle Essen-Hügel zieht ein imposantes Tor die Blicke auf sich: Es ist der Eingang zum Anwesen der Villa Hügel, dem ehemaligen Wohn- und Repräsentationshaus der Industriellenfamilie Krupp. Nach dem Entrichten eines moderaten Eintrittspreises gibt der Pförtner den Weg frei und lässt Besucher ins Staunen geraten: Die Straße, die sich nun nach oben windet, taucht ein in ein riesiges Parkgelände, dessen Ausmaße kaum zu überschauen sind. Gepflegte Rasenflächen wechseln sich ab mit Blumenrabatten und Gruppierungen exotischer Gehölze, durchzogen von Spazierwegen. Das sogenannte Spatzenhaus, ein Miniatur-Fachwerkhaus, diente als Spielhaus für die Kinder der Familie.

Schließlich geben die Bäume den Blick frei auf die Villa, die eher einem Palast gleicht: Auf insgesamt 4 500 m² lebte hier Alfried Krupp samt Familie in insgesamt 103 Hauptwohnräumen. Heute zu besichtigen sind die einstigen Gesellschaftsräume: Empfangssalons, Speisesaal und Bibliothek sowie eine Historische Ausstellung rund um Leben und Wirken der Krupps. Zudem ist die Villa Krupp heute Ort

Bahn

- S-Bahnhof Essen-Hügel
- S-Bahn ab Düsseldorf Hbf (ab Köln Hbf mit ICE und Umsteigen 65 Min.)

Auto

- 72 km, 60 Min.

Nicht verpassen

- Im Liegestuhl mit Seeblick einen Cocktail genießen im *Seaside Beach Baldeney*
- In der Villa Hügel einem Konzert des Folkwang Kammerorchesters lauschen
- Auf dem Baldeneysteig durch den Kruppwald wandern und den Ausblick auf den See genießen

Blick vom Park auf das Haupthaus der Villa Hügel

kultureller Veranstaltungen, wie beispielsweise Konzerten des Folkwang Kammerorchesters.

Der 28 Hektar große Hügelpark zieht sich in einem weiten Bogen rund um die Villa. Er ist gestaltet nach dem Vorbild englischer Landschaftsparks. Charakteristisch dafür sind sich abwechselnde Gehölz- und Blühpflanzengruppen, Teiche, Waldabschnitte, verziert durch einzelne Skulpturen. Besonders zur Blüte im Frühjahr eine Augenweide ist die riesige Rhododendron-Schlucht.

Nur einen sehr kurzen Fußweg entfernt von der S-Bahn-Station Essen-Hügel beginnt bereits das Naherholungsgebiet Baldeneysee. Der Weg von der S-Bahn führt direkt auf das Regattagelände zu und es macht Spaß, hier von der Zuschauertribüne aus dem Treiben auf dem Wasser zuzuschauen oder mit einem der Ausflugsschiffe eine Rundfahrt auf dem See zu unternehmen. Der Anleger der „Weissen Flotte" befindet sich direkt am Regattaturm.

Wer es aktiver mag: Etwa einen Kilometer entfernt vom Regattaturm befindet sich der Seaside Beach Baldeney mit Sandstrand, SUP-Schule, Minigolfplatz, Bogenschießanlage, Fußball- und Beachvolleyballplatz sowie einem Kanuverleih. Nur gut

Immer wieder gibt es am Seeufer auch abgeschiedene, naturbelassene Wege

zehn Minuten Fußweg am Ufer in die entgegengesetzte Richtung befindet sich das sehenswerte Stauwehr mit seinem Fischliftsystem. Der dortige Infopoint gibt Einblicke in den Fischbestand und erklärt, warum hier Fischen beim Wandern geholfen werden muss.

Der See ist der größte der insgesamt sechs Ruhrstauseen und erstreckt sich auf einer Länge von knapp 8 Kilometern.

 Villa Hügel

Öffentliche Führungen durch das Gebäude finden jeden Sonntag um 11, 12.30 und 14 Uhr statt.

www.villahuegel.de

 Wanderroute Baldeneysteig

Tipp für Wanderer: Nur wenige hundert Meter nördlich der Villa, im oberen Verlauf der von der Villa abzweigenden Haraldstraße, verläuft die Wanderroute Baldeneysteig. Die knapp 27 km lange, gut ausgeschilderte Strecke zieht sich in mehreren Etappen teilweise auch durch den Kruppwald und dann hinunter zum See, den sie einmal komplett umrundet.

51 Heimbach

Auf Dschungelpfaden am See entlang

Heimbach ist die kleinste Stadt in NRW, aber die Möglichkeiten für Unternehmungen dort übertreffen die mancher Großstadt. Größter Besuchermagnet ist der unmittelbar angrenzende Rursee – nach Volumen gerechnet der zweitgrößte Stausee Deutschlands. Erbaut wurde die Talsperre zwischen 1934 und 1938. Die Staumauer befindet sich in Schwammenauel, einem Landstrich wenige Kilometer von Heimbach entfernt.

Ein schöner Spaziergang vom Zentrum Heimbachs aus ist der fünf Kilometer lange Dschungelpfad. Dieser Rundweg beginnt nahe dem Bahnhof am „Parkplatz über Rur", direkt gegenüber der Burg Hengebach, dem Wahrzeichen der Stadt. Er führt entlang der Rur und nach einer Weile entlang des Staubeckens. Dieses dient als vorgelagertes Ausgleichsbecken der Talsperre. Am Fuße des Meuchelbergs verläuft der Weg ufernah weiter in Richtung der eigentlichen Staumauer, biegt jedoch vorher nach links ab und führt über die Rur-Brücke auf die gegenüberliegende Uferseite. Dort rückt nun das markante Wasserkraftwerk Heimbach ins Blickfeld. In dem 1905 in Betrieb genommenen, sehr gut erhaltenen Jugendstilgebäude finden kulturelle Veranstaltungen statt. Und noch immer wird hier Energie erzeugt!

Von hier aus führt der Weg nun entweder zurück nach Heimbach (ca. 2,5 Kilometer), oder in entgegengesetzter Richtung zur Staumauer nach Schwammenauel (ca. 1,8 Kilometer). Im touristisch sehr gut erschlossenen Schwammenauel legen die Ausflugsschiffe der Rursee-Schifffahrt ab, mit denen der weitere Verlauf des Stausees erkundet werden kann.

Bahn

- Bahnhof Heimbach
- Rurtalbahn ab Düren (ab Köln Hbf mit RE und Umsteigen 86 Min.)

Auto

- 70 km, 72 Min.

Nicht verpassen

- Vom Turm der Burg Hengebach aus den Blick über Stadt und Eifelhügel genießen
- Mit einem Kanu oder Tretboot auf dem Staubecken paddeln (Kanu- und Bootsverleih direkt am Staubecken, nahe Stauanlage)

Thront seit dem 11. Jahrhundert auf einem Felsen an der Rur: Burg Hengebach

Ausflugsdampfer, Segler, Surfer, Paddler: Im Sommer ist auf dem See reger Betrieb

52 Nideggen

Burg Nideggen: Burgzauber und Kletterfreuden

Zwischen Felsen und Hügeln schlängelt sich, von Norden kommend, die Rur durch die Nordeifel. Flussaufwärts wird die Landschaft immer hügeliger, bis sich bei Nideggen die imposanten rötlichen Felsen erheben, auf denen die Burg thront. Das markante Bauwerk können Besucher vom Bahnhof Nideggen-Brück aus auf einem teils recht steilen Fußweg bezwingen. In gemächlichem Tempo benötigt man hierfür zwischen 30 und 50 Minuten. Der Weg zweigt (am anderen Rurufer) in der ersten Haarnadelkurve von der Burgstraße ab und endet nahe der Burg in der Bahnhofstraße.

Den Grundstein für die Burg legte 1177 Wilhelm II., Graf von Jülich. Es folgte eine wechselvolle Geschichte, im Verlauf derer die Burg mehrfach bis auf die Grundmauern zerstört wurde – zuletzt im Zweiten Weltkrieg. Nach dem Wiederaufbau in den 1950er-Jahren befinden sich die Überreste der Burg heute in einem guten Zustand. Besonders sehenswert sind der große Innenhof, die Ecktürme mit spektakulären Ausblicken und die romanische Pfarrkirche. Eine Besonderheit ist der 61 Meter lange Palas, der größte Saalbau auf einer deutschen Burg des 14. Jahrhunderts. Im ältesten Teil der Burg, dem sechsstöckigen Wohnturm, veranschaulicht das Burgenmuseum Leben und Alltag im Mittelalter. Auch Kindergeburtstage und Trauungen sind hier möglich. Zudem befinden sich auf dem Terrain der Burg mehrere Restaurants.

Bekannt ist Nideggen auch innerhalb der Kletterszene. Zu Recht, denn die Felsformationen sind wirklich spektakulär. Betreut wird das Terrain, bekannt unter dem Namen Klettergarten Nordeifel, von der Stadt Nideggen, die auch die Klettertickets verkauft.

Bahn
- Bahnhof Nideggen-Brück
- Rurtalbahn ab Düren (ab Köln Hbf mit RE und Umsteigen 63 Min.)

Auto
- 62 km, 60 Min.

Nicht verpassen
- Vom Zülpicher Tor aus einen Spaziergang auf einem der Entdeckerpfade unternehmen
- Beim Klettern die Felsen im Klettergarten Nordeifel bezwingen

Die Überreste der Palaswand sind ein markantes Merkmal der Burg

Je näher man innerhalb der Stadt der Burg kommt, desto „ritterlicher" wird es

53 Schleiden

Vogelsang IP: Auf Tuchfühlung mit Geschichte und Natur

Von Schleiden aus windet sich die Straße nach oben, passiert Rast- und Aussichtsplätze. Schließlich markiert unvermittelt ein wuchtiges Tor die Zufahrt zum Gelände der ehemaligen Ordensburg Vogelsang. Mit fast 100 Hektar bebauter Fläche ist die einstige Schmiede für NS-Führungspersonal die zweitgrößte bauliche Hinterlassenschaft des Nationalsozialismus in Deutschland.

Nach Ende des Zweiten Weltkriegs ging Vogelsang zunächst an die Briten, dann an belgische Streitkräfte. Für viele Jahre diente die Anlage samt umgebendem Terrain als Truppenübungsplatz. Erst 2005 wurde die militärische Nutzung beendet und es begannen Überlegungen zur Umnutzung von „Camp Vogelsang".

Seit 2006 steht Vogelsang IP (IP = Internationaler Platz) für Werte wie Toleranz, Vielfalt und friedliches Miteinander. Zu den politisch-historischen und den naturpädagogischen Einrichtungen zählen unter anderem die Dauerausstellung zur NS-Vergangenheit sowie die Erlebnisausstellung „Wildnis(t)räume". Darüber hinaus befinden sich auf dem riesigen Terrain die Akademie Vogelsang IP, das Nationalpark-Zentrum Eifel, ein Panorama-Restaurant, ein Aussichtsturm sowie ein Tagungszentrum.

Ein sehenswertes Überbleibsel aus den 1950er-Jahren ist das Kulturkino Vogelsang. Hier finden gelegentlich kulturelle Veranstaltungen statt. Derzeit entstehen zudem ein Hotel sowie ein Museum für historische Fahrzeuge. Auf und entlang des Terrains Vogelsang IP verlaufen zahlreiche Wanderwege. Auskünfte erteilt das Nationalpark-Zentrum.

Bahn

- Haltestelle Vogelsang IP Forum
- Bus SB82 ab Bahnhof Kall (ab Köln Hbf mit RB und Schienenersatzverkehr ab Euskirchen derzeit leider 121 Min.)

Auto

- 75 km, 70 Min.

⭐ Sternenpark

Sternbilder finden und erkennen, die Milchstraße mit bloßen Augen sehen, die nächtliche Natur erleben: Seit 2014 ist der Nationalpark Eifel anerkannter Sternenpark. Astronomen veranstalten hier an verschiedenen Beobachtungspunkten nächtliche Himmelserkundungen und Sternenwanderungen.

Terrassenförmig erstreckt sich das Gelände in Richtung Urftsee

Für einen Gesamteindruck vom Gelände bieten sich geführte Erkundungen an

54 St. Goar

Wo Loreley die Schiffer verführte

Düsseldorf
Köln
Bonn
Wiesbaden

Der Sage nach sitzt sie hoch oben auf dem Felsen und raubt mit ihrem betörenden Gesang den vorbeifahrenden Schiffern den Verstand. Und in der Tat gibt es am steil aufragenden Loreley-Felsen eine akustische Besonderheit, nämlich das ausgeprägte Echo, das schon früh für eine mythische Verklärung des Ortes sorgte.

Fast senkrecht steigt der sagenumwobene, 132 Meter hohe Schieferfelsen bei St. Goarshausen an der Innenseite einer besonders engen Rheinkurve auf. Am oberen Ende wird er von einem Aussichtspunkt sowie dem Kultur- und Landschaftspark Loreley gekrönt. Erreichbar ist das Plateau auf dem Loreley-Gipfel entweder zu Fuß vom Bahnhof St. Goarshausen oder über einen der zahlreichen angrenzenden Wanderwege.

Der Fußweg vom Bahnhof hinauf zur Loreley verläuft zunächst südwärts entlang der Talstraße (B 42) bis zum Marktplatz St. Goarshausen. Es geht durch die Bahnunterführung, hinter der rechts zwischen den Häusern der Fußweg zur Burg Katz abzweigt. Schon von der Höhe der (nicht öffentlich zugänglichen) Burganlage aus hat man einen tollen Ausblick.

Es geht weiter auf dem gut ausgeschilderten Rheinsteig und auf der Straße Loreleyring durch die kleine Ortschaft Heide. Am Ortsausgang zweigt rechts schließlich der Fußweg zum Besucherzentrum auf dem Loreley-Plateau ab. Hier gibt es neben einer Ausstellung zu Geschichte und Hintergrund der Loreley-Sage einen Weinlehrpfad, diverse Aussichtsplattformen sowie die Sommerrodelbahn Loreley-Bob.

Bahn

- Bahnhof St. Goarshausen
- RB ab Koblenz Hbf (ab Köln Hbf mit EC/ICE und Umsteigen 94 Min.)

Auto

- 143 km, 98 Min.

Rheinhöhenbus

Eine Alternative zum Aufstieg zu Fuß ist die Fahrt mit dem Rheinhöhenbus (Linie 535). Er verkehrt wochentags und am Wochenende stündlich (zu Stoßzeiten häufiger) zwischen dem Bahnhof St. Goarshausen und dem Besucherzentrum auf dem Loreley-Plateau. Auch am Anleger der Rheinfähre macht er Halt.

Die bronzene Loreley-Statue auf der Spitze der Hafenmole bei St. Goarshausen

Trotz dramatischer Felskulisse: Der Rhein strahlt Ruhe und Gemächlichkeit aus

55 Xanten

Archäologischer Park:
Römerzeit zum Anfassen

Wenn dieser Boden reden könnte! Aufstände, Triumphzüge, Plünderungen, aber auch buntes Alltagsleben, Feste und politische Diskussionen auf dem Forum fanden einst genau hier statt. Denn der heutige Archäologische Park Xanten, von Einheimischen schlicht APX genannt, liegt exakt auf dem Terrain der Colonia Ulpia Traiana, einer einst bedeutenden Stadt der römischen Provinz Niedergermanien.

Originale Überreste römischer Bauwerke gibt es jedoch kaum noch, denn die Steine wurden von den nach Untergang des Römischen Reiches Einzug haltenden Franken für ihre Bauwerke verwendet. So verfiel die Colonia ab dem Ende des 3. Jahrhunderts zusehends. Heute zeigen freigelegte Gebäudefundamente und archäologische Fundstücke, wie groß die römische Metropole war.

Spektakuläre Bauwerke wurden nachgebaut, darunter der imposante Hafentempel, römische Handwerkerhäuser, Stadttore und das Amphitheater. Alle originalen archäologischen Funde, Wandmalereien, Kupferkunstwerke sowie Abdrücke von Füßen, Tierpfoten und Karren sind im Römermuseum ausgestellt. Beeindruckend ist das gläserne Gebäude, das exakt über den einstigen Thermen der Colonia errichtet wurde. Auf Stegen können Besucherinnen und Besucher von oben in die Thermenanlagen blicken. Hin und wieder finden Grabungsveranstaltungen und Führungen statt.

Auch das heutige Xanten, nur wenige Gehminuten vom APX entfernt, ist mit seiner niederrheinischen Architektur, dem lebendigen Stadtzentrum sowie dem sehenswerten Dom einen Abstecher wert.

Bahn

- Bahnhof Xanten
- RB alle 60 Min. ab Duisburg Hbf (ab Köln Hbf mit IC und Umsteigen 98 Min.)

Auto

- 105 km, ca. 88 Min.

Nicht verpassen

- An einem der „Römischen Wochenenden" Vorführungen römischen Handwerks bestaunen
- In Xanten den romanisch-gotischen Dom bewundern
- Kaffee oder Snack genießen mit Blick auf den Xantener Südsee im Hafenrestaurant *Plaza del Mar*